# PSG

## TON UNIVERS IMPITOYABLE

**Du même auteur**
**aux Éditions Solar :**

– *Séoul 88, les JO* avec Gilles Boiron (1988)
– *Le Football, initiation* (1989)
– *Pascal Olmeta, goal ma drôle de vie* (1991, autobiographie)
– *Abedi Pelé, Ballon d'or* (1992, autobiographie)
– *Jacquet et ses Bleus* (1998)
– *Agents du foot, histoires secrètes* (1998)
– *Olympique de Marseille, histoires secrètes* avec Benjamin Danet (1999)
– *Christophe Tiozzo, ma descente aux enfers* (2000)
– *Nicolas Anelka, une énigme* (2002)
– *Salut Thierry* (Gilardi) (2008)

# PSG

# TON UNIVERS IMPITOYABLE

Alain AZHAR

SOLAR
EDITIONS

***Ce livre est dédié***

♥ *À Francis Borelli, seigneur de la vie*
*et seul président du PSG qui mérite*
*l'appellation de prince du Parc des Princes.*

♥ *À Gilles Boiron, journaliste émérite,*
*joyeux compagnon de route, trop tôt disparu.*
*En souvenir de nos joutes de reporters,*
*l'un au PSG, l'autre au Matra Racing…*

# Sommaire

Prologue .......... 11

PARTIE 1 : L'univers impitoyable depuis Colony Capital .......... 13

*1. Le jour où Canal + se désabonne enfin* .......... 15

*2. Le jour où l'ambition de Michel Moulin tombe à l'eau* .......... 25

*3. Le jour où Charles Villeneuve est parachuté au PSG* .......... 35

*4. Le jour où Sébastien Bazin est choqué* .......... 45

*5. Le jour où Sébastien Bazin parle dans le vide* .. 55

*6. Le jour où le PSG est pris en otage* .......... 65

PARTIE 2 : L'univers impitoyable avant Colony Capital .......... 73

*7. Le jour où Francis Borelli se sent trahi* .......... 75

*8. Le jour où Daniel Bravo faillit mourir au Camp des Loges* .......... 85

*9. Le jour où Denisot propose de déchirer le contrat de Yann Lachuer* .......... 95

10. *Le jour où un footballeur paie d'avance ses retards à l'entraînement* ..... 105

11. *Le jour où Charles Biétry accuse l'attaché de presse de monter le public contre lui* ..... 115

12. *Le jour où Bergeroo est victime de la mutinerie des joueurs* ..... 125

13. *Le jour où Ginola et Fernandez s'insultent dans un car à Moscou* ..... 135

14. *Le jour où un proche de Poutine voulait racheter tout le PSG* ..... 153

15. *Le jour où Pierre Blayau rêve d'être le caïd du championnat* ..... 165

16. *Le jour où Dhorasoo ne veut plus être un malade imaginaire* ..... 175

17. *Le jour où la Porte Saint-Cloud devient la rue Barbare* ..... 185

18. *Le jour où le PSG ne faisait pas sourire* ..... 193

# Prologue

Écrire sur le PSG, c'est se plonger dans les larmes, les intrigues et les chaos d'hier et d'aujourd'hui. De tous temps, ce club, en constant équilibre entre l'espoir et la désillusion, charrie ses contradictions, ses jeux de pouvoir et ses influences médiatiques, politiques et économiques. C'est inévitable : le PSG n'a jamais été un club comme les autres. Depuis ses débuts, il attire et déconcerte sans susciter l'indifférence.

Dans sa première partie[1], cet ouvrage décrypte la période actuelle depuis la prise de pouvoir de Colony Capital – avec Butler Capital Partners et Morgan Stanley –, annoncée officiellement le 11 avril 2006 et effective le 20 juin. Dans ses trois premières années, l'histoire de ce nouveau PSG a déjà consommé quatre présidents et nourri autant d'interrogations sur un destin singulier. Notamment depuis la démission choc de Charles Villeneuve le 3 février 2009, suite à sa lettre peu recommandable à l'égard de Sébastien Bazin et des administrateurs du club. Une preuve de plus, s'il en est besoin, d'un impitoyable univers qui, sans cesse, régit l'existence même du club parisien.

Quinze ans avant Colony Capital, Canal + rachetait aussi le PSG (le 31 mai 1991) sans trop d'égards pour la présidence de Francis Borelli.

1. Chapitres 1 à 6.

Dans cette seconde partie[1], le lecteur se rendra compte que les plaies, les bosses, les blessures humaines et sportives couvrent là aussi toutes les saisons. Car la crise ne se démode jamais à Paris.

A.A.

1. Chapitres 7 à 18.

# I

# L'UNIVERS IMPITOYABLE DEPUIS COLONY CAPITAL

# 1

# Le jour où Canal + se désabonne enfin

## *À une virgule près*

Ainsi, il aura fallu quinze ans à Canal + pour revenir à son cœur de métier. Quinze ans, c'est à la fois si court dans une vie d'entreprise et si laborieux quand il est question d'un club aussi versatile que le PSG. Quinze ans donc pour quelques éclats de rire et neuf titres, dont sept pour les seules années Denisot. Car la vérité n'a pas survécu à 1998.

Un journaliste de Canal + encore salarié de la chaîne affirme : « Si on refait l'histoire, je suis certain que les dirigeants s'arrêteraient en 1998. Le club commençait alors à décliner. Au bout d'un septennat, il aurait été plus que convenable de revendre le PSG. Hélas, personne n'en voulait. Les huit années qui ont suivi sont de trop, elles ont développé le déficit et sérieusement écorné l'image de la chaîne trop juge et partie entre son boulot de diffuseur du foot et celui de patron de club. Avec les sommes folles reversées aux clubs de L1, il n'était plus question de parler de neutralité à propos du PSG. Plus il était exposé et plus il touchait de l'argent. Et plus il prenait des sous et plus il pouvait en rapporter à la chaîne. C'était devenu intenable. »

Dans les faits, Canal aura englouti beaucoup plus que les 200 millions d'euros annoncés çà et là, montant déjà bien lourd. La chaîne payante aura broyé des hommes (Biétry, Perpère, Graille, côté présidents ; Giresse, Jorge, Bergeroo, Fernandez, Halilhodzic, Fournier, Lacombe, côté entraîneurs), démotivé des joueurs (liste trop longue à énumérer) et fait grincer les gradins du Parc des Princes. Bertrand Méheut, PDG de Canal +, a failli perdre la face à force de différer une vente exigée, programmée et actée depuis longtemps par Vivendi, la maison mère, et Jean-René Fourtou, son président. Beaucoup de négociations ont eu lieu, certaines fantaisistes, d'autres plus sérieuses tantôt avortées par le veto de la Mairie de Paris ou par un montage financier quelque peu brinquebalant.

Jusqu'au 11 avril 2006, date officielle de la vente du PSG, Bertrand Méheut se ronge les sangs ne sachant que faire de cet animal blessé et désespérant. Et il faillit bien casser ses lunettes de rage après un premier projet de reprise planté à la toute dernière minute.

Ce tour de table-là réunit Luc Dayan, spécialiste des reprises de club et ex-président du LOSC, Colony Capital, le fonds d'investissement américain, et le prince héritier qatari Tamime Ben Hamad Al-Thani. À ce niveau de repreneurs, le PSG pouvait voir venir. On était bien loin de l'investissement possible et modeste, en bon père de famille de Francis Graille, on se rapprochait plus de l'offre de Gazprom, le gazier russe, trois ans plus tôt – de cela on en parlera plus loin.

Un proche du dossier qui ouvrait les portes à l'argent du Qatar rappelle le contexte : « Officiellement, il a été préférable de laisser dire que la défiance de la Mairie de Paris a vexé les investisseurs qataris. Ce n'est pas tout à fait ce qui s'est passé. En réalité, il y a eu des mensonges répétés. On a répandu l'idée que les Qataris avaient la gentillesse de se contenter d'un tiers du club. Si vous maîtrisez bien la stratégie de leurs investissements, ils n'ont rien à tirer d'un tiers. Le prince voulait tout, c'est ce que certains lui ont fait croire. Par nature, un mariage entre un fonds d'investissement américain et des milliardaires qataris n'a pas de raison d'être. »

Bertrand Méheut a eu peur. Pas trop longtemps pour craindre d'être lié à vie à « l'invendable PSG ». Fort heureusement, en quelques jours, Colony Capital bat le rappel de quelques autres investisseurs et finit par être rejoint par Butler Capital Partners, autre fonds d'investissement, français celui-là, et Morgan Stanley, la célèbre banque d'affaires américaine. L'alliage est solide, même s'il ne revendique pas un amour immodéré pour le football en général et le PSG en particulier.

Dans son ouvrage, *Passion impossible*[1], Alain Cayzac, choisi comme futur président, confirme que Sébastien Bazin et Walter Butler n'investissent pas pour la gloire. Ce joli monde, après quelques discussions et des calculs de façade, conclut le lundi 10 avril 2006 une fois que les investisseurs (rejoints par la suite par Morgan Stanley) et Bertrand Méheut tombent d'accord à une virgule près. Les discussions ont été serrées, Canal + aurait, semble-t-il, lâché du lest, conscient que le temps ne joue pas pour lui.

Le 11 avril, une conférence de presse est organisée sur un ton très feutré, sans trop de passion, dans les salons cossus de l'hôtel Sofitel du 15e arrondissement de Paris, à deux pas de l'héliport où les hommes pressés peuvent accélérer le temps en empruntant les voies du ciel. Officiellement, tout est en ordre de marche.

Alain Cayzac est bombardé en pleine lumière. Il a enfin gagné le droit, pense-t-il, de sortir de sa fonction peu gratifiante de président de l'association PSG. Et pour cet homme rompu à la communication et, sans nul doute possible,

1. Éditions du Moment, 2008.

amoureux transi du club, il y a comme un juste retour des choses.

Un de ses anciens amis explique quelques intrigues : « À force de jouer de nombreux rôles dans la coulisse, Alain a obtenu ce qu'il voulait. C'est bizarre parce que cette fois, il ne revendiquait rien. Sébastien Bazin ne le connaissait pas, c'est Christophe Chenut (ex-directeur général de *L'Équipe* et désormais membre du conseil d'administration du PSG) qui lui a soufflé son nom. Comme quoi, il ne sert à rien de trop vouloir précipiter les choses. »

Alain Cayzac atteint son Graal. Sait-il qu'un certain Michel Moulin est déjà plus ou moins dans les tuyaux ? Il ne déchante pas encore, Alain Cayzac, le voilà qu'il savoure son accomplissement et déroute ses propriétaires-actionnaires par son sens de l'improvisation. Sans notes, le showman anime la conférence de presse pendant que les « financiers », eux, planchent pour donner du sens et de la stratégie à leurs premiers mots d'investiture. À l'un l'instinct, aux autres la tactique méthodique.

Sur la photo reproduite le lendemain dans la plupart des médias, on y voit un Bazin et un Butler figés et raides comme la justice, serrant leurs documents. Cayzac ? Il sourit, les mains dans les poches, le regard détendu. Il est comme ça, Cayzac : tchatcheur, grand communicant, et plutôt attachant.

Hélas, ce ne serait qu'une apparence d'après ses adversaires. L'un d'entre eux n'est d'ailleurs pas tendre, il place le curseur à octobre 2008, date de parution de *Passion impossible* écrit par le publicitaire : « Jusqu'au bout, Cayzac aura tiré la couverture à lui. Il écrit un bouquin où il s'octroie le beau rôle. Qu'a-t-il fait en deux ans de présidence ? Le pire c'est qu'il ne se reconnaît aucune erreur. On finit même par le croire quand il prétend que Bazin a été touché par le fait qu'il n'acceptait pas l'arrivée de

Michel Moulin en conseiller sportif. Et qu'il aurait mal vécu sa démission (annoncée le 21 avril 2008). Vous croyez vraiment que ce type de financier fait du sentiment ? Il a dû lui dire : "C'est comme ça et pas autrement." Cayzac réécrit l'histoire à sa manière. Il ne dit pas qu'il a essayé de se raccrocher à tous les dossiers de reprise. Et, quand on ne pense pas à lui, il adopte la posture honorable de défenseur d'une certaine mémoire du PSG : il a dit à peu près dans tout Paris que le bon bilan de Charles Villeneuve, son successeur, a été possible grâce à son travail en amont. Si on le suit, on peut donc affirmer que la crise de janvier 2009 (démission de Charles Villeneuve, effective le 3 février 2009) est la conséquence de sa présidence pour le moins assez floue. »

Retour au 11 avril 2006. La vente a donc lieu entre gens de bonne compagnie malgré tout. En dépit de quelques chiffres qu'il a fallu bidouiller.

Neuf mois plus tard, *Le Parisien,* sous la plume d'Arnaud Hermant, révèle une vérité qui n'arrange ni le vendeur Canal +, ni les patrons actionnaires Sébastien Bazin et Walter Butler. Un écart de près de 15 millions d'euros est en effet dévoilé dans le quotidien entre le prix officiel de la transaction (41 millions d'euros) et l'investissement réel des nouveaux actionnaires.

Nous voilà à 26 millions d'euros, base sur laquelle Francis Graille consentait à racheter pour 17 % d'actions, trois ans plus tôt. Bien renseigné sur les arcanes du PSG, le journaliste s'est même procuré auprès du tribunal de commerce de Nanterre les documents déposés pour cette acquisition le 27 juillet 2006. Dessus, il est bien stipulé que le PSG a été vendu à hauteur de 26 millions d'euros.

Une autre pièce, le rapport des commissaires aux apports daté du 27 octobre 2006, remis cette fois au tribunal de commerce de Paris, annonce le même tarif. Butler Capital Partners et Colony Capital, tout comme Canal +, essaient bien d'y aller de leur démenti, mais on ne peut pas tout faire dire aux chiffres.

Une source rompue aux finances affirme : « Je ne suis même pas sûr qu'il leur ait fallu 26 millions d'euros pour tout racheter. Dans l'acquisition d'entreprises, il peut arriver que pour vendre un canard boiteux qui pèse socialement et, bien sûr, économiquement, vous aidiez le repreneur. Vous lui accordez des facilités de paiement, mais aussi un abandon de créances, une trésorerie bien alimentée… Ce procédé arrange tout le monde. Il est même parfois prévu que si l'acheteur devient défaillant, l'ancien propriétaire s'engage par écrit à le “soutenir”. Toutefois, je ne pense pas que cette possibilité ait été envisagée, les nouveaux propriétaires ont tout de même les reins solides. »

### Colony-Butler : étrange duo

Parlons-en de ces nouveaux propriétaires inconnus de l'univers football jusqu'à leur catapultage à la tête du club parisien. D'abord Colony Capital Europe. Le fonds d'investissement américain propriété de Tom Barrack valait (avant la crise) en portefeuille d'actifs près de 25 milliards de dollars (19,5 milliards d'euros). Le flair de ce boss à l'énergie débordante a enrichi de nombreux investisseurs à qui il garantit des plus-values de plus de 20 % par an.

Colony s'est spécialisé dans les sociétés en difficulté ou à fort potentiel de croissance une fois délestées du poids des dettes et des passifs. Mais le groupe sait aussi parier sur des trésors insoupçonnés. C'est ainsi qu'il rachète un stade japonais de plus de 50 000 places parce qu'il a vite analysé que le prix du titane, surface qui recouvre le toit rétractable, valait plus que le prix de la négociation.

En 2005, Colony Capital reprend Buffalo Grill pour 340 millions d'euros. La même année, il injecte 1 milliard d'euros pour le rachat de la chaîne d'hôtels Accor. Spécialiste du saisissant retour sur investissement, Colony Capital se repose sur un trésor de guerre et quelques jolis trophées dont le joyau n'est autre que le majestueux hôtel Savoy à Londres qu'il achète en 1998 et revend six années plus tard avec une plus-value dépassant les 450 millions de dollars (351 millions d'euros).

Bref, mettre 33,3 % de 26 millions d'euros sur le PSG, ce n'est pas ce qui peut empêcher Tom Barrack de dormir la nuit, d'autant plus qu'il n'aurait jamais besoin de beaucoup d'heures de sommeil. Pour la partie Europe de son groupe, il délègue à Sébastien Bazin, autre champion de la finance tout aussi avisé, rusé et méthodique.

Analyste financier en 1982 aux États-Unis, bardé de diplômes, le quadragénaire Bazin, d'allure froide, s'est lui aussi entiché de l'investissement dans l'immobilier. Du Parc des Princes et du centre d'entraînement bien plus que du PSG susurrent ses amis financiers. Cela ne l'empêche pas d'aimer à titre personnel les détours populaires par le Parc des Princes, mais il ne mélange pas. L'affect, c'est l'ennemi des affaires dans ce milieu-là.

Au départ, le Colony Capital de Sébastien Bazin n'arrive pas seul, il s'associe à Butler Capital Partners, un autre fonds d'investissement, présidé par Walter Butler.

Autre spécialiste de la gestion de crise des entreprises, cet énarque, proche de Dominique de Villepin, s'est notamment illustré dans le rachat et le redressement du groupe Flo, et dans l'acquisition récente de Virgin Megastore.

À la différence d'autres fonds d'investissement, Butler Capital Partners aime être reconnu comme un fonds de retournement ; vague pour les profanes, la nuance est comprise par les spécialistes de la chose.

Walter Butler est né à Rio de Janeiro, Brésilien par sa mère, Américain par son père, il vit lui aussi son expérience aux States, à New York, plus exactement. Là-bas, il est embauché dans la plus fascinante et terrifiante banque d'affaires. La Goldman Sachs n'est pas un temple pour enfants de chœur. Il s'y apprend le business, la concurrence, le risque, la férocité par paquets de dollars. Les plus faibles finissent sur le trottoir, les plus forts montent au ciel.

Walter Butler est fait pour ça, il le sait, il le sent. En peu de temps, il comprend tout, la Goldman Sachs est un accélérateur de carrière pour un golden boy.

Le voilà au chevet de quatre initiales, BDDP, agence de publicité malade à près de 1,3 milliard d'euros de dettes. En trois ans, il booste les équipes, taille dans le passif, rentabilise à l'extrême et remet l'agence agonisante sur les bons rails. C'est son premier succès qui en appellera d'autres. La rentabilité gagne la partie, l'humain paie la note. C'est ainsi : certains appelleront cela l'aristocratie financière...

Associés à Morgan Stanley, la banque d'affaires américaine, Colony Capital et Butler Capital Partners ne sont donc pas des romantiques dans le business, ni des mordus du foot, enfin pas avant les affaires. Leur métier de redresseur d'entreprises les pousse à aller chercher le meilleur de l'actif sans se croire obligés de faire dans le social.

Dans la corbeille des mariés, le PSG ne pèse par conséquent pas très lourd avec son image indéfinie, ses joueurs inconstants et son palmarès de vieux club en péril. S'il n'était pas rattaché à la capitale, il serait mort depuis un paquet de temps ce PSG tout rabougri. Cayzac l'aime quand même. Son obsession d'en être le président le sert. Enfin, il y arrive ! Le président de l'association PSG n'a plus à regarder partir les trains sans lui. Il est dans le bon wagon. Enfin ! Alors, il fonce intrépide, persuadé de réussir à combiner la synthèse d'une présidence qui allie à la fois la popularité de Francis Borelli à l'efficacité de Michel Denisot.

L'homme a de l'entregent et un pouvoir de séduire ou de nuire. Un proche du PSG le confirme : « Son pire défaut c'est la rancune, il n'oublie jamais. Cela explique mieux le rôle qu'il a dû jouer à mon avis dans l'épisode Moulin et lors de la démission de Charles Villeneuve. » Dans son ouvrage, l'ex-président griffe aussi à vue Walter Butler qu'il accuse d'avoir joué un double jeu et de l'avoir ainsi plus ou moins déprécié aux yeux de Sébastien Bazin, le vrai décisionnaire.

Cayzac évoque notamment le début d'avril 2007 où déjà, déclare-t-il, Butler poussait à l'arrivée de Michel Moulin. Dans l'entourage de Walter Butler, on n'a pas semblé très surpris, mais plutôt très sceptique sur la version d'Alain Cayzac.

En substance, la déclaration que nous avons recueillie au fond d'une brasserie d'une rue chic du 16e arrondissement de Paris donne ceci : « Alain Cayzac pense que Walter Butler l'a tué, soit, c'est en tout cas ce qu'il écrit. Il le croit sans doute, mais il a mal mesuré le degré d'entente entre Sébastien Bazin et Walter Butler. La présidence par Alain Cayzac est une décision partagée par les deux. C'est vrai qu'à une période, Walter Butler estimait qu'il fallait davantage investir sur les jeunes. Il avait probablement une vision plus globale, avec une politique peut-être plus rigoureuse sur le fonctionnement du PSG. Butler n'a jamais été endetté, il ne tient pas à l'être. Peut-être que Sébastien Bazin était plus dans l'optique d'investir sur des joueurs de haut niveau. Mais Walter Butler n'a, par exemple, jamais opposé son veto à l'arrivée de Claude Makelele dès la saison 2007-2008. Il y a eu des malentendus, c'est sûr. On peut comprendre le dépit d'Alain Cayzac, mais il n'ignore pas que le nom de Michel Moulin était déjà avancé au moment de la reprise. Ce n'est pas quelqu'un que Walter Butler a voulu par la suite lui mettre dans les pattes. »

Moulin-Cayzac. Cayzac-Moulin. Pour la médiatisation, le PSG vaut bien toutes les fâcheries. Par ses crises, les humeurs et les jalousies de ses hommes, ses intrigues de couloir et ses combats d'arrière-salle, le PSG est un lieu touristique à sa manière. Le visiter de l'intérieur ne déçoit jamais le curieux…

# 2

# Le jour où l'ambition de Michel Moulin tombe à l'eau

## *La ménagerie parisienne*

Infatigable, Michel Moulin se disperse beaucoup sur des opérations simultanées. Les mauvaises langues prétendent même – non sans perfidie – qu'il porte bien son nom à force de brasser trop d'air pour rien. Ce quadragénaire (47 ans) a l'apparence aimable, c'est un fait avéré. L'accent d'Alès ajoute à la truculence du personnage. Notre homme rechigne à dire non. Toutefois, il peine à tenir ses promesses.

Là, ce ne sont pas les mauvaises langues qui s'expriment, juste le saisissant résumé d'une série de contretemps personnellement vécus.

Fin décembre 2008, Michel Moulin se disait « ravi de pouvoir dire des choses sur son passage au PSG ». Nous l'avions croisé un peu par hasard dans une soirée où, en compagnie de Daniel Bravo, il s'efforçait de faire du relationnel pour sensibiliser les kiosquiers parisiens à *10 sport*, son quotidien sportif. Là aussi, il ne partait pas gagnant et les mauvaises langues, toujours, ajoutaient qu'il avait réussi à remobiliser le groupe Amaury jamais aussi revigoré qu'à l'heure de la concurrence.

Mais c'est comme ça : Michel Moulin déteste baisser les bras et s'énerve que l'on mette en doute ses intentions. Il n'aima pas les papiers de *L'Équipe* sur sa personne quand il tendait à se faire passer pour le sauveur du PSG. Le lancement de *10 sport* aura été, dit-on, sa riposte, son doigt d'honneur à l'ordre établi. Il est comme ça Moulin, rien ne l'effraie.

Il nous avait donc donné son numéro de portable, d'un large sourire, il se déclarait « dispo » pour le lendemain. Donc, nous l'avons rappelé le lendemain, et d'autres jours, puis d'autres jours encore, des textos aux coups de fil, des silences aux dégagements en touche.

Lors d'un énième appel, il nous a même suggéré de lui expédier un mail qui lui permettrait, affirmait-il, de fixer une date de rendez-vous. Puis il nous a conseillé de passer par sa secrétaire. Enfin, il a fini par faire le mort sans avoir la courtoisie d'avouer qu'il n'avait plus le temps ou tout simplement plus l'envie de se rappeler de son furtif passé au PSG.

Pourtant, il parle Michel Moulin. Quand cela l'arrange.

Dans le Paris qui compte, il affirme encore qu'il a redonné vie au PSG et qu'on l'a remercié à la manière d'un cocu plaqué pour un autre. Le foot est cruel et le PSG beaucoup plus que la moyenne des clubs du championnat de France. L'histoire l'a rendu dingue. Pardi, depuis le temps qu'il poussait ses jetons et secouait ses réseaux, Michel Moulin sentait venir l'affaire sportive de sa vie. Pensez : un PSG grand ouvert avec sa gueule cassée pour un Méridional pur jus. Cela aurait eu au moins autant d'allure qu'un Bernard Tapie à l'OM. Sauf que Tapie avait plus d'entregent et d'appuis politiques qui l'installèrent presque paisiblement sur la Canebière. Et puis Tapie c'est Nanard... Moulin, lui, a des relations périphériques, un très bon feeling avec Daniel Bravo, Xavier Gravelaine, ex du PSG et bien évidemment... Luis Fernandez. Enfin pas trop

Luis de peur de ne pas être assez fédérateur. Un journaliste le confirme : « Michel Moulin m'a souvent dit qu'il ne fallait pas systématiquement l'associer à Luis. Il n'était pas sûr que son image soit encore très bonne dans le club. »

## Accélérer l'histoire

Moulin voulait aller vite, très vite, prendre le PSG à toute vitesse, à la hussarde. Le PSG était à l'agonie en cette fin de saison 2007-2008, il crevait de son apathie générale et de son incapacité à s'épargner des crises à rallonge. Avec Colony Capital et ses autres actionnaires, avec Alain Cayzac, le président rescapé « des dirigeants historiques », avec Paul Le Guen, le coach aussi pudique que peu entraînant parfois, le PSG se serait livré au premier sauveur venu. Parfois, il est urgent de ne plus jouer au délicat. Le souffle de la L2 poussait trop fort pour ne pas se donner à un réveilleur de conscience. Michel Moulin crut être celui-là. Lui, les bruyants discours il connaît. Harponner un joueur et le rendre minable, cela ne l'émeut guère. S'embrouiller avec des dirigeants (ce sera le cas avec Olivier Sadran et Jean-Claude Plessis, respectivement présidents de Toulouse et de Sochaux), cela l'émoustille. C'est dans les situations de survie qu'il respire le mieux.

Un de ses proches qui le côtoie depuis des années déclare : « C'est un meneur d'hommes, Michel. Au PSG, c'était le vide absolu à ce niveau-là. Je crois qu'il a effrayé Sébastien Bazin. Dans l'univers de Colony Capital, on n'aime pas trop les gens qui dépassent. » Et pour dépasser, Michel Moulin dépasse de beaucoup, de trop peut-être. Malgré tout, il marquera une certaine élégance face à l'ennemi blessé, voire meurtri.

Ainsi, Alain Cayzac reconnaîtra que le conseiller sportif eut la pudeur – ou l'intelligence – de ne pas prendre possession de son bureau une fois qu'il eut remis sa démission.

Il l'aurait aussi exhorté de venir supporter le PSG ou, sinon, il lui expédierait une voiture avec chauffeur.

Michel Moulin a tout de même des bons côtés. C'est d'abord un passionné de foot poussé à des aventures improbables de dirigeant au Red Star (2000-2001) et du FC Istres (2003-2006). Un ballon roule, un bastion est à prendre, ne cherchez pas, Michel Moulin ne doit pas être bien loin. Comme il est trop près de sa rédaction de *10 sport* où, semble-t-il, il se prend pour un vrai journaliste face aux unes ou papiers principaux. Il veut tout faire et pense savoir tout faire. C'est en cela qu'il perd des batailles, pas toutes, mais il en perd.

Qu'importe, Moulin se relève toujours un peu comme ces joueurs de Subbuteo campés sur leur socle arrondi. Ils ne tombent jamais, ils se redressent toujours.

Au commencement de son histoire avec le PSG, le fondateur de *Paru Vendu* – une juteuse affaire que cette publication de petites annonces de 280 éditions et de 390 millions d'euros de chiffre d'affaires ! – aurait fait pression en avril 2007 à une période où la stratégie d'Alain Cayzac paraissait plus qu'illisible pour Walter Butler, l'un des actionnaires. Moulin s'agite, quoi de plus normal.

Le Méridional a les solutions, le bagout et des certitudes qui captent l'attention de décideurs paumés par la versatilité du foot. La mécanique Moulin se met en place, il a des réponses pour tout. Sur tout. Le voilà qui monte très haut dans l'échelle de ses contacts, il rencontre Sébastien Bazin et d'autres administrateurs. Il ne casse pas les gens en place et se propose modestement – déjà – de remonter les énergies. Alain Cayzac ne l'apprendra que plus tard, c'est en tout cas ce qu'il écrira. Il expliquera aussi que Moulin l'avait déjà entrepris au début de sa présidence pour un vague projet de télévision parisienne dans lequel il voulait l'associer. Le président n'avait pas donné suite, le prétendant n'aurait guère apprécié.

Peu importe, les projets ce n'est jamais ce qui manque à Michel Moulin. Accordons-lui une certaine propension à bâtir des choses, fragiles parfois, mais il bâtit. Notre homme est souvent prompt à financer un projet, du moment que cela lui parle un peu.

Donc, Michel Moulin n'est pas arrivé un jour d'avril 2008 (il a été nommé conseiller sportif le 21 par le conseil d'administration du PSG), il avait déjà ses entrées, non par la grande porte mais par les coursives. Le contexte de l'époque est fait pour lui : le PSG est aux portes de la L2, et Cayzac rend son tablier de président parce qu'il n'est nullement charmé de devoir cohabiter avec ce bateleur impulsif.

Ils n'appartiennent pas au même univers. Cayzac sait négocier, louvoyer, communiquer. Moulin vendre, forcer la main et faire le coup de poing s'il le faut. Question de méthodes et de culture.

## L'homme du déclic

Quand il débarque dans la ménagerie parisienne, le directeur général du groupe Hersant Médias et vice-président du conseil de surveillance de *Paru Vendu*[1] n'a pas l'allure d'un chef d'entreprise. Il parle simplement, use du gros mot au besoin et s'en va taper sur les épaules ou bien encore secouer quelques joueurs fragilisés. Michel Moulin a peu de temps devant lui pour frapper les consciences. Il se voit président du PSG parce qu'il se sent plus malin et plus convaincant qu'Alain Cayzac.

C'est un bâtisseur de rêves Moulin, un de ces types qui vous retourne un vestiaire en moins de deux.

1. Depuis la mi-septembre 2008, Michel Moulin a cessé sa collaboration salariée au sein du groupe Hersant Medias et ne préside plus le directoire du groupe de presse gratuite COMAREG (*Paru Vendu*).

Un joueur du PSG à deux doigts d'être convaincu explique : « Il a pris une part évidente dans notre redressement de fin de saison. Certains, comme Rothen, ne le supportaient pas. Mais vous savez Rothen… En tout cas, il a provoqué quelque chose. S'il n'était pas arrivé, je ne suis pas sûr qu'il y aurait eu ce déclic. Inconsciemment, certains ont cru qu'il remplacerait M. Cayzac. Alors… dans ces moments-là, on mouille un peu plus le maillot. »

Et si Bazin avait utilisé Moulin tel un chiffon rouge que l'on agite devant un taureau ? Du coup, il s'énerve le taureau et en devient sublime d'orgueil. S'ils n'ont jamais été trop sublimes, les footballeurs du PSG ont fini par réussir l'essentiel : sauver leur peau et celle d'un club en équilibre entre le moyen et l'insuffisant depuis plusieurs saisons.

À quatre journées de la fin du championnat, Paris court à la catastrophe, il est dix-huitième du championnat et affole de plus en plus les actionnaires. La fin de l'exercice est une mission pour un homme fort. Un baroudeur de l'extrême, voilà le profil, un inconscient sans peur d'égratigner une réputation, voici le type recherché. Donc, Moulin est intronisé conseiller sportif le 22 avril, il n'a que quatre matches devant lui pour conquérir la présidence du PSG, il le sait et s'en cache à peine. La fonction, il s'en fout. Comme elle est provisoire, elle peut aussi être très évolutive dans le bon sens. Il a ouvert une porte, il n'y a plus qu'à prendre possession des lieux.

Un de ses proches assure : « Il avait la certitude que Sébastien Bazin, l'actionnaire principal, le vrai patron du PSG en somme, ne pourrait pas se passer de lui si le PSG évitait la L2. Ce qu'on lui a fait est absolument infâme. Le club courait à sa perte. En un mois, Michel c'est un bilan de deux victoires et deux nuls. Cela compte, cela avait du sens. » C'était ignorer un peu vite que le jeu politique est un art majeur dans ce club sous influences.

Poussé à démissionner, Alain Cayzac n'a pas eu trop de mal à rameuter la résistance pour miner le terrain. Un journaliste qui couvre le club depuis des années le confirme : « Les anciens présidents ne supportent pas de voir le club sans eux. Cayzac plus que les autres peut-être. Il a tout tenté pour savonner la planche. Il a même poussé Gérard Houllier à monter au créneau... »

Proche du publicitaire, le directeur technique national a posé une première mine le jour même de l'arrivée officielle du pétulant conseiller sportif. Il déclarera au micro de RTL : « Je ne connais pas M. Moulin. Il faut être à fond derrière Paul (Le Guen) parce que pour moi c'est l'homme le plus important, n'en déplaise à M. Moulin ou aux autres, ce sont Paul et ses joueurs qui permettront de se sauver ou non. » On a connu un Gérard Houllier moins disert et beaucoup plus prudent. Aurait-il dit la même chose pour un autre que Michel Moulin ?

Gérard Houllier, à l'image de Luis Fernandez, est une sorte de recours permanent que l'on murmure toujours pour une reprise ou un plan de relance au PSG.

L'ex-entraîneur d'une autre époque au PSG (juillet 1985-juin 1988 avec un intérim d'Erick Mombaerts) n'a jamais coupé le fil émotionnel qui le lie aux dirigeants historiques en général et à Alain Cayzac en particulier. Il ne l'a tellement pas coupé ce fil que le président déchu avait milité pour l'associer à Jean Todt ; le premier aurait été manager général, le second, président de l'après-Cayzac.

En février 2005, Houllier aurait déjà pu l'être s'il avait insisté auprès de Francis Graille qui le voyait chapeauter Laurent Fournier après le passage enflammé de coach Vahid Halilhodzic. Comme il est revenu dans le train des rumeurs à la démission de Charles Villeneuve. L'ex-entraîneur de l'OL ne se démode jamais sur l'air du Paris SG.

## Les médias menacés

Un salarié du club décrypte bien les mécanismes de pouvoir qui agissent sur les nominations dans ce club si particulier : « Depuis le rachat de Canal +, tous les présidents délégués sont arrivés par un choix pensé et réglé par l'actionnaire. Certains ne plaisaient d'ailleurs pas aux historiques (Brochand, Talar, Cayzac), mais Canal imposait tout de même ses hommes. Avec Colony Capital, il y a comme une vacance de pouvoir. Les influences autour du club n'ont pas supporté l'arrivée de Michel Moulin. Il n'a pas fait assez de lobbying. Et puis dans l'esprit d'Alain Cayzac, c'est l'homme de Walter Butler, celui qui a précipité sa chute. Dans cet univers-là, plus rien n'est rationnel. Il faut aussi dire que Michel Moulin s'est piégé tout seul. Il n'a pas été très malin. »

Et quelque peu abrupt, pour ne pas dire plus, dans ses rapports avec les médias. N'a-t-il pas, par exemple, menacé Christian Ollivier, le chef des sports de RTL, de quelques représailles ?

L'intéressé, que nous avons joint, confirme : « Il m'a effectivement téléphoné après avoir entendu Eugène Saccomano le railler dans *On refait le match*. Le ton n'était pas très amical. En substance, il m'a dit : "D'abord, je suis M. Moulin, pas Moulin ! Dites-le bien à Saccomano ! Et ce n'est pas Saccomano qui va m'impressionner dans son talk-show. Et dites-lui aussi à Saccomano que je lui interdirai l'accès au Parc des Princes et lui enverrai mes gardes du corps s'il le faut." Il a aussi ajouté : "Vous savez M. Ollivier : Je connais très bien vos patrons à RTL." J'ai appris par la suite qu'il avait effectivement joint Axel Duroux (le PDG de la station)... Croyez-moi, cela n'aurait pas été une très bonne chose qu'il soit le président du PSG. »

Évidemment, Saccomano ne s'est pas privé d'user du Moulin (sans le précéder du Monsieur) et de se gausser sans peur de l'arrivée éventuelle de ses gardes du corps. On ne la fait plus à un vieux briscard du micro et de l'antenne... Cette anecdote démontre bien l'empressement et la nervosité du personnage : « Il s'est pris pour Tapie au bout de quatre jours. Mais n'est pas Tapie qui veut ! » s'esclaffe une autre source.

Dans sa furieuse obsession de conquérir le PSG de toutes ses forces, Michel Moulin a ressemblé à un roi sans couronne. Trop envahissant dans le vestiaire (Le Guen ne le supportait pas), trop présent face à la caméra ou aux stylos en à peine un mois, il a vite irrité Sébastien Bazin et provoqué un réel rejet de la Mairie de Paris, partenaire moral et financier d'un PSG qu'il subventionne à hauteur de 3,5 millions d'euros par année.

Un membre du conseil d'administration affirme : « Dès la démission de Charles Villeneuve en février 2009, je peux vous dire que cette personne (Michel Moulin) a activé plusieurs réseaux pour se poser en recours. Je crois qu'il n'a pas très bien compris qu'il ne pourra jamais être le président du PSG. Il n'est pas du même monde que ceux qui détiennent les leviers officiels et officieux du club. Il ne passera jamais en force. »

Moulin aura donc perdu son Paris alors qu'il l'a peut-être sauvé. Curieux paradoxe pour un homme trop volcanique pour freiner ses mots.

N'a-t-il pas – quelques minutes à peine après le maintien officiel – posé sa candidature ignorant superbement la présidence provisoire de Simon Tahar, ancien avocat du PSG. Il voit grand, Michel Moulin. Il jette des noms en pâture, rêve de recruter Diego (Werder Brême), Crespo (Inter Milan), recadre un Hoarau pas assez respectueux à ses yeux quand il parle du PSG, son futur club, évoque un Paul Le Guen peut-être « fatigué », esquisse sa stratégie de recrutement et affirme vouloir redonner une respectabilité. Il se déchaîne comme un torrent sans trop comprendre que la stratégie de Sébastien Bazin s'inscrit toujours dans la réflexion et la liberté d'esprit.

L'actionnaire majoritaire déteste les coups rapides décochés par les impulsifs. Et Moulin est un impulsif dans toute sa splendeur. Il est comme ça : il a toujours fonctionné à l'instinct et à l'autorité. Manque de chance pour lui, toutes les portes lui claquent au nez. Quelques jours après, il n'est qu'un pétard mouillé, il n'est plus question de sauver le club mais de se sauver lui-même d'une certaine humiliation. Il dira dans *L'Équipe* sans trop masquer son aigreur : « (…) Alors oui, j'ai parlé fort, j'ai tapé dans le dos des gens mais personne ne m'enlèvera ce que j'ai fait. Je suis arrivé, on avait – 3 points et Paris était derrière Toulouse et Lens. Je pars alors que le club est sauvé et on a fini avec aucune défaite (…). Oui, je suis déçu intérieurement, c'est la vie. Je vais retourner aux affaires et je pars en me disant que ce que j'ai fait, c'est bien (…). C'est vrai, je rate quelque chose avec le PSG mais je crois que je ferai un deuxième club à Paris et un club d'un niveau élevé. J'ai en tête plusieurs clubs mais pour l'instant, je n'en dis pas plus. Je suis un passionné… »

À la fin mai 2008, Moulin s'est découvert des ennemis de partout. Il s'était promis de devenir le président du PSG. Encore une promesse qu'il n'a pas tenue.

Mais cette fois, il n'y pouvait rien…

# 3

# Le jour où Charles Villeneuve est parachuté au PSG

## *Le droit de tout savoir*

On ne naît pas à Beyrouth comme ailleurs. Dans cette capitale du Liban, surnommée « la ville qui refuse de disparaître », impossible d'oublier les traces d'une guerre civile de quinze ans entre chrétiens et musulmans (de 1975 à 1990). Ni même le torpillage de l'armée israélienne en juillet 2006.

Charles Villeneuve y a vu le jour le 19 juillet 1941 sous le nom de Leroy. Libanais de naissance et cosmopolite par la force des choses. Car on ne grandit pas tout à fait comme tout le monde avec un père français expatrié en Grèce et une mère arménienne exilée en Syrie.

Très tôt, Charles Villeneuve comprend que la vie ne se donne pas, elle s'apprend. Des années de journalisme dans diverses rédactions et surtout deux grandes maisons pour se construire une réputation, voilà le profil. D'abord Europe 1. Pendant dix-sept ans, où il y couvre la plupart des grands conflits, de la guerre du Vietnam à l'affrontement Iran-Irak. La carrière le propulse à devenir directeur de la rédaction de la station en 1985. Trois ans plus tard, on le retrouve à

*Paris Match* qu'il quitte pour M6 et le lancement du *Glaive et la balance*, émission qu'il dirige et anime.

Dans les années 1990, il se rapproche de PPDA, Franz-Olivier Giesbert et Gérard Carreyrou avec lesquels il crée le fameux *Droit de savoir*. On n'y parle pas encore du GIGN, des prostituées de Bangkok ou de la délinquance dans les cités, non, *Le Droit de savoir* – de ce temps-là – tourne plus sur l'investigation, la vraie.

Peu à peu, la fine équipe se désolidarise, Charles Villeneuve gagne la bataille, modernise le concept, le produit, l'anime et lui instille la mise en scène, les excès qui ouvrent fatalement l'émission à un public plus large. Vous aimez le sexe ? *Le Droit de savoir* en montrera sous couvert « d'une enquête sensationnelle ». Vous adorez aussi les rixes entre flics et délinquants ? *Le Droit de savoir* part au creux de la haine, au cœur des cités urbaines, et des descentes de police.

La bande-annonce pétarade, le téléspectateur est tout de suite embarqué. S'il est un peu voyeur, il n'en aimera que davantage *Le Droit de savoir*. La boîte de production s'intitule TAP et fait étrangement penser à troupe aéroportée alors qu'elle se traduit par Tout audiovisuel production.

C'est voulu, Villeneuve fait de la télé comme on tient une position avant l'arrivée des forces aériennes. C'est un hussard à sa manière, directif et engagé. Un soldat sans inquiétude particulière.

Charles Villeneuve est un homme poli, pourtant. À cheval sur la ponctualité, très charmeur et très malin. Un conteur d'histoires aussi à travers lesquelles il n'est jamais le vaincu mais un vainqueur. Cet homme-là aime se voir à la télé. L'exposition médiatique l'a toujours comblé. Un ex-journaliste du *Droit de savoir* révèle : « L'émission était surtout une incroyable mise en scène qui satisfaisait son côté narcissique. Il fallait le voir jubiler d'être la star-présentateur. Il peaufinait son meilleur sourire, plaçait ses deux mains en forme de poing pour faire viril et lançait la grosse artillerie. Il n'y avait pas toujours le recul et la mesure nécessaires à de vraies enquêtes. Mais il a tout compris, Villeneuve, il était sauvé par l'audience. »

Ce sexagénaire s'est fabriqué plus d'ennemis que d'amis, ce qui n'est pas forcément un défaut dans ces métiers. Sauf que ses ennemis surfent sur toutes les époques, à toutes les étapes de sa trajectoire, des plus faibles aux plus forts. Les éloges manquent, les griefs se succèdent.

De ses débuts à *Paris-Presse L'Intransigeant* (concurrent de *France-Soir* dans les années 1950 avant d'en devenir une de ses éditions en 1965) jusqu'à l'accession aux sommets de TF1, les reproches s'accumulent comme s'ils n'avaient cessé, au fond, de le poursuivre au long d'une carrière menée au pas de charge. Certains ne se lassent pas de bousculer la statue. Souvent dans l'anonymat, parfois à visage découvert.

Roger Zabel, ancien de la « grande maison TF1 », dresse un portrait à charge lors d'un passage chez Laurent Ruquier. En substance, cela renvoie à un climat de détestation perdu dans des luttes de petits et de grands chefs au sein de la première chaîne d'Europe : « Charles Villeneuve, c'est un type qui a très peu d'amis. Il faut plutôt parler d'un réseau de gens qui comptent : Sophie Bottai, une avocate qui défend le milieu marseillais, Arsène Wenger, Robert Louis-Dreyfus et Bernard Laporte. À TF1, il était surnommé Léon (le nettoyeur du film de Luc Besson), il faisait la sale besogne pour le duo Le Lay-Mougeotte (respectivement président et vice-président). Il s'y est fait beaucoup d'ennemis. Thierry Roland, bien sûr. Mais aussi Jean-Claude Dassier, patron de LCI à l'époque. Comme il était plus charismatique et brillant que lui, Villeneuve a fini par le jalouser.

« Il s'est tout de même construit sur un mystère autant sur son passé que sur son présent. Attention, il est capable de vous dire qu'il a dans la même journée appelé Yasser Arafat (chef palestinien décédé le 11 novembre 2004), déjeuné avec George Bush, expliqué la stratégie d'un match à Raymond Domenech tout en vous rappelant qu'il a sauté sur Kolwezi (opération aéroportée en mai 1978 de l'armée française pour libérer des otages européens et zaïrois détenus à Kolwezi). Villeneuve, c'est le héros qui a libéré Saint-Maur avec un pistolet à eau chaude. Mais, attention, il a une particularité : il n'a aucun sens de l'humour. »

**Fourberies en vue**

Les « victimes » de l'effet Villeneuve se compteraient à la pelle. Thierry Roland est la plus médiatique. La plus rancunière aussi. L'ancien tribun des soirées foot n'oublie pas le mauvais art et les vilaines manières d'une éviction sans égards.

Quand Charles Villeneuve obtient, en 2004, la direction du service des sports, il entre en campagne. Missionné en haut lieu pour briser les mécanismes, l'embourgeoisement et les cadences d'un service quelque peu endormi et peu regardant sur des courbes d'audience vacillantes, notamment à *Téléfoot*.

En chef des armées, Villeneuve tranche, coupe, désosse et démantibule. Frédéric Jaillant, Vincent Hardy et Thierry Roland, entre autres, passent par la fenêtre. Le service des sports n'est plus un État dans l'État, le voilà repris en main et rattaché directement aux grands décideurs.

La voix du foot n'est pas dupe, il ne considère Villeneuve que comme un factotum. Ce qu'il pourrait excuser, le monde de la télé s'en nourrit. Mais Thierry Roland déteste par-dessus tout les fourberies, surtout celle qu'il racontera dans le Tout-Paris, deux ans après sa mise à la retraite.

Alors qu'il s'apprête à rejoindre M6, Charles Villeneuve l'appelle à son domicile qui jouxte la tour Eiffel car il désire le rencontrer au plus vite. Après deux ans de silence ! Charles Villeneuve l'invite en effet à une conversation étrange dans une élégante brasserie coincée à l'angle de l'avenue Montaigne et de la rue François-Ier dans le 8e arrondissement de Paris. L'entretien se perd en politesse déguisée, Villeneuve est en représentation, Roland sur la défensive : « À peine suis-je arrivé, qu'il me demande, théâtral : "*Thierry, quelle est ta famille de télévision ?*" Je lui réponds immédiatement qu'il en fait un peu trop. Et Villeneuve me propose de commenter 11 des 22 matches de la Coupe du monde 2006 diffusés par TF1, sachant que toutes les rencontres de l'équipe de France revenaient d'office au duo Gilardi-Larqué. Ce jour-là, Charles Villeneuve m'a littéralement fait la danse des sept voiles, mettant la décision de TF1 de se séparer de moi sur le dos du seul Le Lay. Mais je n'étais pas dupe... »

Thierry Roland aime les formes, pas les impostures. Il faut dire que la star des soirées foot associée à Jean-Michel Larqué n'a jamais été mal servie par ses supérieurs. Pendant longtemps, Roland montait les étages et les redescendait avec le sourire, c'était un intouchable du sport.

Avec l'arrivée de Charles Villeneuve, c'est toute une convention qui bascule. Thierry Roland était devenu un vieux. Trop de rides et de mauvaises habitudes pour un service des sports de jeunes loups.

Un salarié encore présent à TF1 est tout aussi catégorique : « Villeneuve a toujours essayé de laisser croire qu'il était un grand décideur. Mais il n'était qu'un affidé d'Étienne Mougeotte (vice-président de TF1). C'était un rapport de professeur à élève. Entre le mythe et la réalité Villeneuve, il y a un décalage. C'est un calculateur. Beaucoup de choses sont fausses dans ce qu'il prétend être. Quand vous le connaissez, le masque tombe très rapidement. C'est un faux légionnaire, un faux dur avec des faux amis. Dans les réunions à TF1, il ne disait jamais rien. Il ne dérangeait donc personne. Sa réputation, c'est du toc. Elle s'est construite sur du vent. »

Au début, Charles Leroy avait l'ambition militaire. Il a rapidement le sens du voyage et un goût pour les grands écarts. Il se rêve en légionnaire, il est parachuté à Saint-Maixent, l'école des sous-officiers. Et file très vite à Sciences Po, à Aix-en-Provence : la vocation n'aura guère duré. Avec les années, il aime réécrire sa propre histoire et s'imaginer brave. Certains s'inventent des paysages, lui de belles victoires militaires et des décorations de valeureux légionnaire qu'il n'est pas mais qu'il aurait aimé être.

## Le goût de la lumière

C'est dans ce contexte que Charles Villeneuve est désigné président-directeur général du PSG, le mardi 27 mai 2008 au sortir d'un conseil d'administration juste tenu pour avaliser la décision de Sébastien Bazin. Michel Moulin a ravalé sa peine, Simon Tahar rendu son intérim de président. Quant à Alain Cayzac, il s'active pour se poser en recours éventuel.

D'entrée de jeu, l'heureux élu devine qu'il n'est pas attendu par le milieu du foot. Malgré ses quelques accointances, il n'a rien d'un président légitime. « Les premiers jours ont été terribles, explique un proche d'un membre du conseil d'administration. Le PSG avait des hommes qui incarnaient tout de même le foot. Je comprends que les supporters ont ressenti de la défiance entre des repreneurs spécialistes en fonds d'investissement et un Charles Villeneuve, surtout connu pour un *Droit de savoir* plutôt controversé. Ce n'est pas exagéré de le dire. »

Très rapidement, le fonctionnement de Charles Villeneuve désoriente quelque peu le schéma établi. Il parle, claironne son ambition pour le PSG et s'autorise même à quelques escapades sur le jeu et les joueurs. Il commet sa première erreur. Un journaliste explique : « C'est un type rompu à tous les modes de communication. Il a profité du manque d'exposition de Colony Capital et de Butler Capital Partners pour occuper le terrain. Il a voulu multiplier les plateaux télé sans évaluer le risque de passer pour un ignare du foot. Un président qui ne connaît pas le foot, c'est possible, s'il reste en retrait. S'il parle, il inquiète tout le monde. »

Et Villeneuve en a inquiété du monde, d'abord Paul Le Guen, l'entraîneur discret. Selon certains, leur défiance réciproque remonterait à des fâcheries du temps où le directeur des sports se plaignait du peu d'entrain de l'ex-entraîneur de l'OL à venir s'expliquer sur TF1, les soirs de Ligue des champions. Paul Le Guen n'a pas non plus la bonne image selon Villeneuve. Un autre journaliste explique justement : « Charles Villeneuve aime la lumière. Il a tout de suite voulu se débarrasser de Le Guen, mais il a compris que Sébastien Bazin s'y opposait. Lui rêvait de Didier Deschamps, cela dit, il s'en fiche de Deschamps, c'est plutôt sa carte de visite qui le passionne. »

D'emblée, l'ex-animateur du *Droit de savoir* tient à occuper le terrain, il multiplie les interviews, bâtit sa stratégie, laisse la rumeur suggérer qu'Arsène Wenger le positionne auprès de certains joueurs de renom. Villeneuve jubile. Tellement qu'il en vient à confondre Zoumana Camara du PSG avec Souleymane Camara, attaquant de Montpellier. Et ignore tout de Bernard Mendy, pourtant joueur du PSG durant sept saisons.

« Sa principale faute, ajoute un proche de Paul Le Guen, c'est d'avoir mis une pression incroyable sur Mickaël Landreau quand il a déclaré que le PSG méritait d'avoir un grand gardien. On me dit que c'est un fin stratège. Sur ce coup-là, c'est raté. S'il avait voulu enfoncer Landreau, il s'y est bien pris. Heureusement, Paul (Le Guen) a su rester inflexible à propos de Mickaël. »

## 30 000 euros par mois

Dans sa peau de parachuté de la dernière heure, Charles Villeneuve veut aller très vite. Il obtient le prêt par un ami d'un bureau dans le 8e arrondissement de Paris où il reçoit Zoumana Camara – qu'il a enfin appris à connaître – afin de lui proposer le capitanat du PSG. Le président veut peser d'un acte fort sur le club. Le capitanat en est un. Villeneuve a juste oublié que Paul Le Guen lui préfère Sylvain Armand.

Sur cette question, Arnaud Hermant, journaliste au *Parisien* spécialiste du PSG, rappelle certains faits : « L'arrivée de Claude Makelele a mis tout le monde d'accord. Il s'est imposé de lui-même. Il n'y avait donc plus de querelle possible sur le capitanat. » Mais une querelle en cache souvent une autre.

À l'été 2008, Charles Villeneuve cherche tous les prétextes possibles pour déstabiliser un entraîneur un peu fuyant. Il profite des conférences de presse qui officialisent les arrivées de Ludovic Giuly, puis de Claude Makelele pour fustiger insidieusement son absence de sourire, frein selon lui à toute politique ambitieuse et chaleureuse. Bref, Villeneuve déplie sa stratégie qui consiste à éprouver Le Guen. Pour le faire craquer ? Peut-être. Pour prendre la posture d'un vrai patron ? Sans nul doute.

Villeneuve interfère dans les transferts, c'est un fait. Ne pousse pas à l'arrivée de Jimmy Briand et piste plutôt l'énigmatique Kezman. Dans Tout-Paris, l'ex-homme de TF1 se vante d'avoir attiré Giuly, Thuram (il ne jouera pas en raison d'une anomalie cardiaque) et Makelele. Charles Villeneuve évite de rappeler que la venue du milieu de terrain de Chelsea avait été négociée par Sébastien Bazin, bien avant la sienne.

Il est comme ça, Villeneuve, il confond les dates et les faits, ou les raconte autrement. Mais il n'est pas idiot. Dans sa prise de pouvoir, il tombe vite sur un Alain Roche un peu désabusé, pas le meilleur ami de Paul Le Guen. L'histoire dit même que les deux hommes ne se parlaient presque plus, plutôt compliqué quand il s'agit du supposé responsable de la cellule recrutement et de l'entraîneur. Une source le révèle : « Charles Villeneuve sait fort bien que pour régner, il faut diviser. Il s'est débrouillé pour redonner un pouvoir à Alain Roche, redevenu un vrai responsable de la cellule recrutement. En vérité, c'est Sébastien Bazin qui a œuvré pour que Le Guen et Roche se rabibochent. Cela tombait bien, cela arrangeait Villeneuve. Il touchait ainsi aux prérogatives de Le Guen et se ménageait un ami du côté d'Alain Roche. On a connu plus mauvaise stratégie, non ? »

Villeneuve découvre vite que les footballeurs ou les entraîneurs coûtent plus cher que les journalistes. Virer Le Guen et son staff composé de son adjoint Yves Colleu et du préparateur physique Stéphane Wiertelak revient à lâcher plus de 2 millions d'euros. Impensable pour un club plus regardant sur les dépenses qu'autrefois et encore dernier de la classe avec un déficit de l'ordre de 19 millions d'euros au 30 juin 2007. La DNCG, bonne fille, n'y verra rien de condamnable à la condition que Colony Capital (à l'image de Canal + auparavant) joue les bailleurs de fond. Comme d'habitude. Comme toujours.

Dans sa frénésie de vouloir « prendre la lumière », Charles Villeneuve s'exerce à fasciner les foules. Il se trompe : les supporters du Parc n'apprécient guère ses relations militaires, policières et politiques, bien plus encore que son inculture du football. Et ils le tancent, ces impayables supporters, notamment lors d'une réunion houleuse début juillet 2008. Le ton est vif.

Les supporters parlent comme des supporters, le président comme s'il avait racheté le Parc, l'équipe, le Camp des Loges. La discussion tourne autour de la hausse du tarif des abonnements. À juste raison, les représentants des associations s'insurgent contre une augmentation, sorte de provocation ultime après deux mauvaises saisons.

Un acteur de la réunion se rappelle : « Il avait voulu jouer le fier-à-bras. Quand on lui a dit qu'il n'était pas chez lui et qu'il nous a répondu que nous n'étions pas non plus chez nous, il s'est discrédité. La suite nous a donné raison. On en a connu des présidents au PSG. Qu'est-ce qu'il s'imaginait, celui-là ? Il y a une différence entre ces hommes-là et nous. Nous on paie, eux ils se font payer. »

Charles Villeneuve aura été payé pour une présidence de huit mois, à raison de 30 000 euros par mois, selon nos sources. Le président-directeur général, mandataire social et moral du club, a juste oublié les règles et les usages établis.

Aurait-il usé des lettres recommandées pour écrire à Étienne Mougeotte, Patrick Le Lay et à tous les membres du conseil d'administration de TF1 ?

# 4

# Le jour où Sébastien Bazin est choqué

## *La nuit des longs couteaux*

Lundi 4 février 2008, Charles Villeneuve se sent pousser des ailes. Le viré de TF1 a la larme à l'œil. Son pot de départ organisé au Royce, le restaurant branché de Claude Makelele, dans le 8e arrondissement de Paris, voit passer du beau monde. Un ponte salue d'autres pontes et les remercie d'être venus. C'est la tournée des adieux. Des anciennes gloires du PAF (Étienne Mougeotte, Patrick Le Lay, Gérard Carreyrou), des sportifs (Luis Fernandez, Arsène Wenger, Frédéric Thiriez, Thierry Gilardi), des animateurs et des bidasses.

Au son du clairon, le « retraité » a mélangé les genres et même convié le patron de la DST, Bernard Squarcini. Et, sur un solennel fond de chants militaires, l'ex-directeur des sports, coupe de champagne à la main, tient la vedette. Le légionnaire d'honneur (titre honorifique qui lui a été attribué en décembre 1990 par la Légion étrangère) soigne sa sortie. Il a devant lui la manifestation ostentatoire de quelques amitiés officielles. C'est la preuve éclatante, selon lui, de quelques distinctions bien méritées…

Mardi 3 février 2009, soit un an plus tard, Charles Villeneuve n'a plus autant d'amis. Il vient d'abandonner son mandat de président du PSG et sait trop bien que le conseil d'administration ne le regrette pas. Il n'y a plus de son du clairon, mais une marche funèbre de circonstance. Elle l'accompagnerait jusqu'à sa sortie sous les sourires narquois d'un milieu football qui ne le croyait pas si imprévisible et suicidaire. Car Charles Villeneuve s'est suicidé du PSG.

Qu'espérait-il d'autre en expédiant une lettre sentencieuse sur trois pages sous la forme d'un recommandé avec accusé de réception à tous les membres du conseil d'administration ?

La missive révélée dans les colonnes du *Parisien*, le samedi 17 janvier, fait l'effet d'une bombe. Villeneuve y pose des conditions et met les administrateurs au pied du mur. Arnaud Hermant, le journaliste auteur de l'exclusivité, ne dévoile évidemment pas sa source. Il consent juste à reconnaître : « J'ai été informé par un membre du conseil d'administration. Il était choqué par ce qu'il avait reçu. Vous n'en saurez pas plus. »

Le lendemain, selon une rumeur, l'entourage même de Villeneuve aurait joué les informateurs de service. Pour un sabordage programmé ? Peu crédible.

D'autres évoquent Alain Cayzac, l'ancien président, ou bien encore Simon Tahar, son successeur furtif à la tête du PSG. « Je ne crois pas qu'Alain Cayzac ait fait cela, affirme l'un de ses proches. Mais je suis certain qu'il était au courant de quelque chose depuis pas mal de jours. Je peux vous dire que Gérard Houllier avait été mis dans la confidence. Cela s'est agité dans la coulisse. »

## Esprit meurtrier

Dans le monde de l'entreprise, les secrets sont généralement gardés et préservés. Mais le PSG n'a rien d'une entreprise normale même pour un patron de la taille de Colony Capital.

Christian Ollivier, chef des sports à RTL, partage ce constat : « On ne peut évoquer les mécanismes d'une entreprise classique pour un club de football, surtout à Paris. Car les crises sont parfaitement incontrôlables. Au Paris SG, il y a de plus un formidable levier en termes de lobbying, de pouvoir, de médiatisation. Cela multiplie les déstabilisations. En être le président contribue à élargir les réseaux et à faire fructifier les affaires. C'est un poste très envié. Les époques ne sont pas comparables. Mais j'ai connu celle de Borelli, les problèmes de gouvernance existaient aussi... dans un esprit plus familial évidemment. Là, c'est plus meurtrier... »

Tellement meurtrier que le président Villeneuve s'autodétruit sans avoir – pour une fois – pris conseil auprès d'Étienne Mougeotte, devenu, depuis son éviction de TF1, directeur de la rédaction au *Figaro*. Un de ses proches n'en revient pas : « Quand Mougeotte a appris cette initiative de Villeneuve, il s'est exclamé : "Mais il est complètement fou d'avoir agi ainsi. Il aurait dû m'appeler avant de se lancer dans une histoire pareille !" »

Dans ce monde-là, les entraides sont légion, sauf pour les aventures personnelles. Charles Villeneuve n'échappe pas à la règle. Rasséréné et conseillé par l'avocat habituel de TF1 – à qui il est reproché d'avoir perdu quelques batailles juridiques –, notre Villeneuve fonce, le sabre au clair, le regard tendu vers l'horizon. Passe à l'attaque pour s'échapper d'un pouvoir plus médiatique que réel dans les faits. Sa mise sous tutelle l'agace.

L'omniprésence de Philippe Boindrieux, le directeur général délégué, plus décisionnaire que lui, l'insupporte. Un membre du conseil administratif précise alors : « Il voulait devenir le calife à la place du calife. Je crois savoir que des gens bien intentionnés lui ont indiqué qu'au PSG le pouvoir ne se donne pas : il se prend par la force. »

Charles Villeneuve déclenche donc « sa bombe atomique » le 15 janvier 2009, soit une vingtaine de jours après celle de Jérôme de Metz, dans laquelle l'administrateur indépendant du club, ancien membre de la DNCG (Direction nationale de contrôle et de gestion), balance sa démission et la justifie sur deux pages très explicites. Dont un passage assez cinglant : « (...) Pour ce qui est du court terme, les informations prévisionnelles adressées le 1er décembre dernier par le directeur financier montrent des points de besoins de trésorerie dont le financement n'est pas assuré à ce jour qui dépasseront 13 ME en mai prochain (...). »

Charles Villeneuve découvre aussi que la traite du 30 juin 2008 par laquelle Colony Capital devait régler un solde de 7 millions d'euros aurait été reportée au 30 juin 2009. La tentative de pustch apparaît dès lors bien moins crédible que la perplexité et les angoisses d'un homme inquiet sur son avenir : « Il faut bien comprendre qu'un mandataire social et moral est responsable financièrement des dettes et des déficits, reconnaît une source. Villeneuve n'a pas supporté d'aller plus loin sans être certain de maîtriser la partie financière. L'envoi sous la forme du recommandé de son courrier aux administrateurs n'avait rien de tactique, il avait surtout la vertu de le préserver. Il y a une telle opacité dans ce club. »

## C'est un point de vue...

À la lecture du *Parisien,* les ennemis de l'impudent font feu de tout bois. Ils forcent les traits et laissent germer l'idée qu'il n'y a pas d'autre alternative qu'un licenciement immédiat. « De toute façon, précise-t-on dans l'entourage de Colony, Bazin n'a eu besoin de personne pour mesurer le degré de nuisance du courrier. Même s'il a laissé croire qu'il s'autorisait le temps de réfléchir, il avait déjà décidé à l'instant même de sa lecture. La fuite du *Parisien* n'a rien changé à l'histoire. C'est de la poudre aux yeux. Il n'y a que Villeneuve pour imaginer que ce sont ses ennemis et la fuite de son courrier dans la presse qui ont eu sa peau. Il s'est piégé tout seul. Voilà la stricte vérité. Le constat était simple pour lui : comme Colony Capital a racheté 28,8 % des 33 % d'actions détenues par Walter Butler dans le PSG, il était en première ligne. Seul face à Sébastien Bazin. Cela lui a paru favorable parce qu'il avait suivi les hésitations sur les questions de management. Avant lui, on était passé de Cayzac à Moulin, puis à Simon Tahar sans aucun discernement. Charles s'est cru indispensable. »

## C'est un autre point de vue...

Tellement indispensable, le Charles, qu'il en a perdu le sens des mesures. Ainsi, il secoue tous les membres du conseil d'administration. Suggère-t-il des aménagements ? Non ! Villeneuve donne des ordres, bouscule toutes les convenances et écrit, par exemple : « (...) Je vais devenir un président-directeur général de plein exercice (...). J'appelle votre attention sur notre obligation de préparer la société à une augmentation de capital à bref délai lui permettant de répondre à ses échéances à court terme (...). Dans les jours qui viennent, je vais m'attacher à prendre la mesure exacte des besoins en capitaux pour faire face aux charges et passifs et pour financer un plan de reprise. »

Ce n'est pas Sébastien Bazin qui s'explique, c'est Charles Villeneuve qui monte au front, nullement décontenancé par les sévères mises au point adressées par le représentant de Colony quand il s'activait pour séduire les riches émirats du Golfe persique...

La stratégie de Villeneuve se lézarde. Le choc est frontal et l'empressement l'a pris par les flancs. Une source le révèle : « Secrètement, il s'est rêvé président d'un PSG champion de France. On avait eu beau lui expliquer que l'Olympique Lyonnais possédait des années d'avance, il ne voulait pas l'entendre. Il rêvait de frapper un grand coup au mercato d'hiver. Manque de chance, il n'a jamais eu le feu vert. C'est ce qui l'a le plus énervé. »

L'énervement peut tendre à l'aveuglement. Débordé par l'agitation médiatique qui suit les révélations, l'ancien directeur des sports comprend très vite qu'il est allé trop loin. Qu'à vouloir se protéger et ne pas cautionner par sa signature l'éventualité d'une vente d'actifs (autrement dit les joueurs) en fin de saison 2008-2009, il s'inscrit dans la défiance vis-à-vis de Sébastien Bazin.

S'il se sait apprécié par Walter Butler, il ne peut en dire autant de la « garde rapprochée » qui, au sein même du conseil d'administration, n'a de cesse de l'égratigner. Charles Villeneuve est trop envahissant pour exister sereinement et fédérer des rivalités profondes. Il a fauté, il va le payer au prix fort.

Les quelques heures antérieures au PSG-Sochaux du dimanche 18 janvier au Parc des Princes servent à l'envoi de quelques mails et textos et à des premières approches juridiques. Les avocats des deux parties se jaugent et négocient. À quelques minutes du match, l'ancien directeur des sports de TF1 s'installe dans le carré VIP, pas très loin de Walter Butler, l'actionnaire devenu minoritaire (4,2 %) depuis la vente de la majeure partie de ses actions, et entre Philippe Seguin, président de la Cour des comptes et Bernard Laporte, secrétaire d'État aux sports. Il se cherche de puissantes influences et espère équilibrer le rapport des forces. Jusqu'au bout, il use du symbole, expose son relationnel à la vue de tous.

Sébastien Bazin, lui, s'évite des rapprochements imprévus, il fuit l'indélicat, se perd dans une loge avec ses enfants au lieu d'un long passage politique et forcé par la corbeille du Parc. Le boss de Colony Capital Europe contacte tour à tour les membres du conseil d'administration avec qui il prépare une réunion de crise prévue au sortir de PSG-Sochaux.

Invité à venir s'y expliquer, Charles Villeneuve déclinera « l'invitation », alerté par ses avocats d'une destitution possible. S'il s'y présentait en sa qualité de président, il risquait de provoquer de facto la tenue d'un conseil d'administration avec le quorum nécessaire à une délibération. Un membre du CA confirme : « Avec la moitié au moins des administrateurs et sa présence en qualité de président, il avait de grandes chances d'être révoqué sur-le-champ. Il l'a évité. »

Le passionné de la chose militaire bat en retraite mais ne se décommande nullement de ses rendez-vous habituels. Ses velléités de dissidence ne seront que façade. Une simple manière de donner le change et de gagner du temps, juste un peu de temps...

Quand il quitte le Parc des Princes après la victoire du PSG face à Sochaux (3-1), Charles Villeneuve dîne au restaurant Le Murat, si proche et si fréquenté par les dirigeants du PSG. Il y croise brièvement Sébastien Bazin sorti un peu secoué de la réunion de crise. Celle-ci aura débouché sur la convocation d'une assemblée générale et la démission immédiate de tous les convives, excepté un seul administrateur chargé à ce titre de convoquer légalement une assemblée générale (le 3 février). Secoué, mais convaincu que le vote de défiance à l'égard de Villeneuve préserve l'essentiel.

Une source, présente à cette réunion, dévoile quelques postures prévisibles : « On a tous vu le grand sourire d'Alain Cayzac. C'était comme s'il était redevenu président du PSG. Simon Tahar, lui, paraissait surtout indigné des provocations de Charles Villeneuve. Nous avons tous suivi Sébastien Bazin. Il n'y avait rien d'autre à faire. Nous avons vécu notre nuit des longs couteaux. »

## Les dernières salves

L'incendiaire de service pense encore inverser le cours des choses. Il ne bouleverse en rien les usages qui le conduisent à petit-déjeuner tous les lundis matin avec l'actionnaire de Colony Capital. Les salons feutrés du Fouquet's, là même où Nicolas Sarkozy célébrait sa victoire aux présidentielles, abriteront un face-à-face crispant à plusieurs égards.

Après quelques politesses d'usage, Sébastien Bazin s'indigne du ton et de la méthode. Il rappelle à plusieurs reprises qu'il aurait été plus convenable de le prévenir, notamment lors de deux rendez-vous postérieurs à la mémorable défaite du PSG à Bordeaux, le 11 janvier (4-0). Villeneuve ne s'énerve pas, insiste juste sur son impossibilité de cautionner un bilan qu'il ne maîtrise pas.

Dans le dialogue, l'un conteste la compétence de l'autre pour les questions financières, l'autre fustige les dérives des investisseurs coupables du chaos économique actuel.

Un proche de Sébastien Bazin ne décolère toujours pas : « Je n'ai jamais saisi pourquoi Charles Villeneuve se prenait pour un grand entrepreneur. Qu'est-ce qu'il a réellement bâti au juste ? Il a voulu jouer d'égal à égal avec Bazin et même lui faire la morale. Il ne faut pas exagérer tout de même ! Sébastien, c'est une règle à calcul en mouvement. Ce n'est pas Villeneuve qui va lui apprendre à diriger une entreprise ! »

La crise aura du mal à passer. Les deux camps s'affrontent sans évaluer à sa juste valeur les intrigues qui se nouent dans l'arrière-salle. Un club de foot déteste le vide des fonctions. La place de Charles Villeneuve attire les envieux ou les machiavels qui avancent leurs pions à mesure que la démission officielle se précise.

Quelques règlements de compte se préparent, il n'est dès lors plus possible d'attendre jusqu'à la durée légale (15 jours) de la constitution de l'assemblée générale du 3 février.

Charles Villeneuve tire ses conclusions de ses multiples conversations avec un entourage plus clairsemé qu'avant l'envoi de son courrier recommandé. C'est le temps des dernières salves : il ne renversera personne, il n'a plus rien à envisager qu'une sortie maîtrisée et négociée.

En sa qualité de mandataire social, il n'est en effet pourvu d'aucun contrat de travail et ne peut donc – en principe – percevoir des indemnités. Mais l'usage prévoit que le mandataire social ne parte pas les mains vides.

Dans l'entourage de Colony Capital, on nous affirmera ceci : « Il fallait coûte que coûte sortir de la crise. Ne pas attendre jusqu'au 3 février, cela aurait provoqué d'autres remous. Les deux parties se sont rapprochées. C'était mieux pour tout le monde. »

Cette crise débouche sur un armistice signé en règle avec l'acte de contrition du belligérant qui dépose les armes le jeudi 22 janvier, soit une semaine précise après son courrier incendiaire. Dans la matinée, il aura prévenu Sébastien Bazin. Dans la soirée, un communiqué publié sur le site du club mettra fin à des heures de crispation.

Sobre et précise comme un compte rendu de conseil d'administration, la bafouille stipule ceci : « Charles Villeneuve démissionnera de son mandat d'administrateur et de président-directeur général le 3 février 2009, préalablement à l'assemblée générale qui se tiendra le même jour. Jusqu'à cette date, il assumera pleinement ses fonctions. À cette date, l'assemblée générale nommera un nouveau conseil d'administration, qui désignera la nouvelle direction du club. »

Villeneuve ira même plus loin. Il acceptera de reconnaître que « la situation financière du club est solide et pérenne, et permettra au club d'atteindre ses objectifs ». Délesté de son mandat qui courait sur trois ans, le démissionnaire forcé n'a plus rien à attendre du PSG. Tout du moins sur le court terme. Ses proches prétendent qu'il était près de revenir par la grande porte avec les pétrodollars d'un investisseur du Golfe. Le timing n'aura pas été respecté, et l'obligera à capituler. À ouvrir ainsi les négociations et à s'accorder sur des indemnités estimées à près de 800 000 euros. Une goutte d'eau pour les fonds de Colony Capital, un trou de plus dans les finances d'un club qui aura pesé près de 50 millions d'euros depuis son rachat.

Sans qu'il y ait un droit de tout savoir, même sans Charles Villeneuve.

# 5

# Le jour où Sébastien Bazin parle dans le vide

## *Le fonds imprévisible*

« Depuis trois ans, je n'ai pas évolué. Quand on est arrivé, on a dit qu'on était là pour six ans. Je suis sûr que le club est plus solide aujourd'hui que quand on l'a repris. (...) On n'est pas loin du but. Il faut solidifier tout ça et entourer ce club. »

Derrière les mots, l'embarras. Un gestionnaire se cogne à l'exposition du PSG et il n'aime guère ça. Certains en rêvent. Lui s'en préserve. Sa tâche n'a rien d'un exposé poli – et même précis – qui tend à convaincre de l'attachement profond pour ce Paris capricieux et versatile.

Sébastien Bazin aime faire la part des choses. Son manque de temps ne lui accorde pas d'autre alternative. Alors, il sectorise les activités, rationalise par des délégations et des comptes rendus. Ce n'est ni blâmable ni insupportable, juste un peu singulier pour un univers aussi passionnel que le foot.

La conférence tenue en ce 3 février 2009 lui impose de s'attarder. Lui qui a convaincu Tom Barrack, le patron américain, du potentiel évident de ce rachat, est probablement effleuré par des doutes. « Au départ, révèle-t-on dans son entourage, Colony Capital se voyait acquérir la piscine Molitor et investir pour la création d'une galerie commerciale autour du Parc des Princes. Ses projets sont restés à l'état de promesse, Bazin a compris que cela aurait du mal à marcher. »

L'homme goûte très peu à l'expression médiatique et ne s'enthousiasme pas d'être le quatorzième président d'un club en perpétuel équilibre entre les crises et les non-dits. Ni d'apparaître au grand jour face à des supporters jamais trop regardants sur les formes et les paroles.

Sébastien Bazin aime le foot, c'est un fait, mais il refuse de trop l'avouer par peur sans doute de révéler une faille à sa réputation de financier cohérent et rationnel. Malgré tout, il parle aux fans du PSG, bien obligé, ni trop fort, ni avec la morgue d'un patron qui effectue le tour du propriétaire. Il sait bien que le public du Parc des Princes ne le rendra jamais plus riche, mais il pressent qu'il faut rassurer pour s'éviter un déficit d'amour et d'image.

« Je ne dirai pas qu'il est calculateur, prétend une de ses relations, il aime juste que la prise de décision débouche sur du concret. »

## Président malgré lui

Le 3 février, le conseil d'administration l'a proclamé président. Il en accepte la responsabilité mais pas le pouvoir qu'il délègue pour la partie administrative à Philippe Boindrieux, promu directeur général. Et laisse en suspens la responsabilité sportive à une personnalité du football.

Sébastien Bazin privilégie d'abord – ce qui se conçoit – les intérêts de Colony malmenés au soir de PSG-Caen du 31 janvier, au Parc face à Caen. Sur la pelouse, les joueurs assurent le service et s'imposent. Dans les tribunes, quelques banderoles prouvent que le contre-pouvoir populaire n'est jamais bien loin.

Côté sud, il s'écrit : « Colony go home », côté nord le slogan est tout aussi explicite : « Bazin, Colony, les produits toxiques, c'est vous. » Charmant...

Au PSG, le fric n'a jamais apaisé les foules même s'il se compte en millions d'euros. C'est ainsi : les embrassades façon Borelli ou les engueulades à la sauce Tapie éveilleront toujours plus de passions et de pardons. Bazin le sait et s'en accommode, il n'est pas venu pour être populaire mais pour dégager des plus-values. Là encore, ce n'est ni blâmable ni insupportable, juste déraisonnable, en théorie, s'il est question du PSG.

Alors, le président pressé visite, bouscule son planning de Premier ministre et s'en va se perdre dans les Yvelines en quête d'un Camp des Loges un peu désuet. Il serre des mains, le président malgré lui, récite un discours soigné et maîtrisé mais se refuse à quelques sollicitations télévisuelles. Il ne s'y sentirait pas à l'aise, trop de lumière à la fois ne l'émeut guère. C'est ainsi : Bazin n'aime pas apparaître.

Par peur ? Sans doute. Par stratégie ? Assurément.

Dans la semaine qui suit le débarquement officiel de Charles Villeneuve et la désignation de l'actionnaire majoritaire (62,5 % du PSG) à la succession, Paris se rabiboche comme il peut sans s'épargner quelques rumeurs qui évoquent pêle-mêle l'arrivée d'un Gérard Houllier (décidément...), ou d'un Pierre Dréossi (manager du Stade Rennais), ou bien encore de Karl Olive (ancien patron des sports de Canal +), ou enfin d'un certain Michel Denisot.

Les rumeurs ont un avantage sur la réalité : elles dévoilent des ambitions et n'engagent pas sur l'avenir.

Pour s'échapper de cette crise, Sébastien Bazin ne laisse pas courir les fantasmes de reprise qui çà et là annoncent une OPA sur le PSG ou une vente anticipée de Colony.

Coincé dans sa bulle de décisionnaire, le patron Bazin déplore que les médias – surtout la presse écrite – aient constamment du grain à moudre. En vérité, la vie du PSG charrie elle-même ses stigmates et ses états d'âme. Et cette donnée agace Sébastien Bazin. N'est-il pas – alors qu'il n'est pas encore président ! – sur le qui-vive et tendu tel un arc face aux joueurs quelques jours avant le PSG-Caen du 31 janvier.

« Il nous a demandé, révèle un des footballeurs présents, d'arrêter de trop parler à la presse. Trop d'infos d'après lui se retrouvaient dans les journaux. Il croyait avoir été entendu. »

Il l'a cru jusqu'à ce PSG-Caen après lequel les revendications salariales de Peguy Luyindula l'ont fortement déplu. « C'était son autorité et la discussion qu'il a eue en tête à tête avec Luyindula qui ont été mises en cause, affirme un journaliste. Il n'a pas supporté qu'une nouvelle fois la presse soit informée d'un fonctionnement interne et privé. »

C'était pourtant prévisible : les derniers matches de Luyindula avaient suscité des convoitises et notamment des appels du pied de l'Olympique Lyonnais, son ancien club.

Le mercato d'hiver n'est pas encore fini et oblige Sébastien Bazin à proposer une prolongation de contrat. L'affaire lui paraît réglée, elle ne l'est pas aux yeux de l'attaquant qui use de la dérision et de l'étonnement pour se faire entendre : « (...) J'ai lu ou entendu que je demandais une revalorisation. Je tiens à préciser qu'on est venu me chercher pour me proposer de prolonger et me revaloriser. J'ai écouté cette proposition, tout en sachant ce que gagnent les autres. Et cette proposition m'a paru étrange (...). Maintenant, il faut que la proposition soit en adéquation. Si elle ne l'est pas, on ne peut pas me forcer à l'accepter (...). Je veux discuter avec des gens intelligents (...). Il (Sébastien Bazin) était dans le coin, on s'est croisé et on a discuté... (...). Entre notre discussion et la proposition, il y a un décalage. C'est juste ce décalage que je ne comprends pas. »

Depuis son arrivée en janvier 2007 (d'abord sous la forme d'un prêt converti en transfert en fin de saison), Peguy Luyindula n'a pas eu de chance. Il espérait compenser un salaire « raisonnable » (90 000 euros) agrémenté d'une multitude de primes indexées au résultat en championnat, sauf que depuis janvier 2007 ni le PSG ni Luyindula n'ont trop brillé en L1, hormis l'exercice 2008-2009.

## L'affaire Kezman

En principe, Sébastien Bazin n'a pas pour habitude de parler dans le vide, avec le foot il faut qu'il s'y fasse. Car le pire n'est jamais bien loin : quatre jours après « l'affaire Luyindula », à peine le lendemain de l'assemblée générale, voici le pétage de plomb version Kezman.

L'attaquant serbe, plus emprunté qu'à l'ordinaire, se prend pour Cantona et insulte le maillot qu'il porte en le jetant au pied du public, de ses coéquipiers et d'un Paul Le Guen sidéré.

Pour l'anecdote, il faut rappeler que le Serbe fut désiré et protégé par Charles Villeneuve, puis si seul après son départ. Aussi seul qu'un Giuly un peu tourneboulé sur le coup...

Le PSG sombre en demi-finale de Coupe de la Ligue face à des Bordelais peu soucieux de sa fragilité (0-3, le 4 février). Le pauvre Mateja glisse sur le ballon et se décompose dans un stade qui le conspue à mesure que ses pieds deviennent aussi précis que les pattes d'un éléphant. À la 63e minute, Le Guen décide d'abréger la pitrerie et le remplace sous une terrible bronca d'un Parc trop bouillant pour ne pas cracher sa colère.

Un journaliste ne comprend toujours pas le sens et le timing de cette sortie : « Dans toutes les écoles de foot, on apprend qu'il ne faut jamais sortir un type qui rate l'immanquable. Le Guen l'a fait. C'est incompréhensible. Même s'il avait déjà prévu son changement, il pouvait attendre que la pression retombe. Autant, Guy Lacombe avait remplacé Rothen pour l'humilier lors du PSG-Le Mans en 2006 (le 18 février, défaite 0-1), autant je ne saisis pas les raisons objectives de Le Guen. »

Et s'il avait voulu se passer définitivement d'une des recrues officielles de Charles Villeneuve, l'autre étant Ludovic Giuly ? Et s'il avait prévu de se donner raison de n'avoir jamais cru en l'attaquant serbe ?

Au final, Kezman, qui n'a rien d'un rebelle, sera mis à pied pour une quinzaine de jours, et provoquera l'élaboration d'un texte diffusé par le service communication de Colony Capital et non par celui du PSG.

Ce n'est pas anodin, Sébastien Bazin tient à annoncer que le temps des excès est dépassé. Le communiqué revêt des allures d'avertissement et de reprise en main à la portée de tous : la punition est motivée « par la nécessité, en toutes circonstances, de faire preuve de respect vis-à-vis de l'institution qu'est le PSG, de son équipe, de ses supporters et de tous ceux qui participent à son rayonnement ».

Les excuses de Kezman n'ont pas suffi, la direction frappe fort. Elle lui retient 80 000 euros net sur son salaire et refuse de passer l'éponge. Il en va d'une crédibilité de pouvoir un peu égarée, mais aussi de la discipline d'un vestiaire remué par la multiplication des affaires éclatées en à peine quinze jours.

Une source le confie : « Sébastien Bazin s'est senti obligé de venir à plusieurs reprises au Camp des Loges. Ce n'est pas tout à fait ce qu'il avait prévu. Mais il n'avait pas le choix. Quand une entreprise perd ses repères, il est urgent de s'y imposer. Il a agi par nécessité. »

En revanche, le diplômé émérite ne réagira pas aux propos de Jérôme Rothen plus bavard – est-ce étonnant ? – après la démission de Charles Villeneuve.

Le gaucher retrouve de la voix et un sens de l'humour vachard ; il solde les comptes et cela l'égaie. Il parle à *L'Équipe,* le lendemain de la victoire probante à Nantes (4-1, samedi 7 février). Le ton est persifleur, chambreur à souhait : « (...) En ce qui concerne le président c'est secondaire, j'en suis à mon sixième président en moins de cinq ans. J'évite de m'attacher (...). On m'a dit que le président (Charles Villeneuve) racontait certaines histoires à mon sujet, qu'il n'aimait pas ma façon de jouer par exemple. Ça me surprend un peu car ce n'était pas un président qui connaissait bien le foot, donc je ne pense pas qu'il ait pu raconter cela. Ce sont des rumeurs. Moi, en tout cas, je n'ai jamais voulu entrer en conflit avec Jacques Villeneuve. (...) » Rothen ne confond pas les Villeneuve, il rappelle juste que le sien se trompait allègrement sur le prénom de ses coéquipiers.

Au fond, Jérôme Rothen a une qualité : c'est une grande gueule qui tacle à tout-va quand l'ennemi disparaît à l'horizon. Il est comme ça Rothen, prêt à taper sur tout ce qui ne remue plus : Guy Lacombe, Vahid Halilhodzic, Pierre Blayau dans son bouquin, Charles Villeneuve après sa démission. À sa décharge, l'ex-Monégasque vit dans l'hostilité permanente d'un milieu foot qui lui renvoie une aversion certaine. Sa bonne petite gueule, ses attitudes hautaines ne le rendent pas très sympathique. Rothen passe aussi pour un privilégié jamais remis en question par Paul Le Guen malgré un rendement aléatoire depuis plusieurs mois. Dans le vestiaire, là où une vie sociale s'écrit comme ailleurs avec ses luttes d'influence, sa constitution de clans et ses affinités sélectives, il suscite trop souvent rancune et amertume. « Le cas de Kezman est édifiant à ce sujet, explique un journaliste. Certains joueurs estiment qu'il y a deux poids, deux mesures. Le fait que Rothen tape sur Charles Villeneuve est tout aussi condamnable pour eux que le coup de sang de Mateja. Il faut dire aussi que Le Guen est allé trop loin dans ses déclarations sur Kezman. Je ne l'ai jamais entendu parler aussi sévèrement à propos d'un joueur alors qu'il est connu pour sa retenue et sa prudence. Après une ou deux défaites, il n'est pas sûr que Claude Makelele puisse apaiser et fédérer tout le monde. »

L'ex-milieu de Chelsea a tout du meneur, c'est une évidence. Le genre de type respecté et respectable, le guide d'un code de savoir-vivre en société...

À son arrivée, il fit le ménage et balaya quelques scories d'une saison 2007-2008 qui vit certains jeunes du club se prendre pour ce qu'ils ne seront peut-être jamais. Larrys Mabiala, Younousse Sankharé et Granddi Ngoyi, notamment, ne respectaient pas toujours les usages ni même le statut et les privilèges accordés aux « anciens ».

Avec Makelele, tout a été revu et recadré, parce qu'il a toujours habilement réussi la synthèse entre deux forces qui s'opposent. D'un côté, les pro-Villeneuve (Giuly, Camara, Traoré, Kezman, Luyindula), de l'autre les pro-Le Guen (Landreau, Armand, Rothen, Bourillon, Clément) et, au milieu, Claude Makelele assez madré pour ne pas choisir un camp plus qu'un autre.

C'est à tout cela que le propriétaire de la chaîne Buffalo Grill, du vignoble Château Lascombes et sauveur financier du groupe Accor se confronte. Les particularismes du foot, les ego de joueurs surdimensionnés, la fatuité de quelques anciennes consciences du club, les intrigues de dirigeants remerciés échappent aux contours normaux d'une entreprise.

Sébastien Bazin comprend à l'usage que le temps ne programme rien pour le foot. Qu'il n'y a pas pire fonds imprévisible.

Pourtant, il l'a toujours aimé ce foot, cela remonterait à l'enfance avec un père qui l'a très tôt plongé dans le bain du Parc des Princes. Il a donc appris à aimer le PSG jusqu'au point de rallier en voiture Rotterdam pour la finale de Coupe des Coupes entre le PSG et Barcelone, le 14 mai 1997. Six heures de route « pour se taper » une défaite (1-0), un vrai truc de supporter, en fait.

Douze ans plus tard, Sébastien Bazin oublie sa propre histoire de fan. Entre la passion et la raison, le voilà à la tête d'une mécanique insensée qu'il devra un jour – c'est la règle – revendre au bon prix. Et, pour y parvenir, il s'est fixé quelques limites dont celle de ne pas s'interdire une vente globale si Colony Capital y trouve son compte.

Alors, il sera bien temps de foncer au Parc des Princes l'âme légère et la passion à fleur de peau sans se retenir de quelques excès d'authentique supporter...

# 6

# Le jour où le PSG est pris en otage

## *La source infinie d'une rancune*

C'est une bombe atomique larguée le lundi 2 février 2009 au matin. Le quotidien sportif *10 sport* malmène la concurrence. Sa une et son titre ont de quoi allécher le supporter parisien. Deux visages se détachent.

Sur la gauche, Charles Villeneuve (président jusqu'au 3 février) jette des regards de colère, l'œil noir tendu vers la reconquête. L'homme éjecté par la grande porte réapparaît par la fenêtre.

Sur la droite, Sébastien Bazin, délesté de sa paire de lunettes, l'œil bleu, scrute vaguement un horizon incertain. Un ouragan semble lui être tombé dessus.

A priori, c'est un scoop. Et le scoop, c'est la Rolls Royce du journalisme. Les rédactions battent le pavé pour cette quête d'un Graal. Et pour cela, il faut parfois en passer par des méthodes policières avec ses indices, ses planques et ses investigations longues comme un jour de pluie sans K-Way.

Le scoop a l'avantage de s'éviter une coûteuse campagne de promotion. Il fait parler, booste les ventes, crée l'événement autour du journal qui l'a sorti. Les beaux joueurs applaudissent le confrère, les mauvais perdants en minimisent la qualité, l'authenticité et la portée.

Le *10 sport* a donc enfanté du premier scoop de sa juvénile histoire. Enfin, il veut le faire croire… Dans sa guerre sans pitié – et qui paraissait perdue d'avance – contre l'insubmersible groupe Amaury taillé pour les marathons avec *L'Équipe*, *Le Parisien* et *Aujourd'hui Sport*, justement né pour tuer *10 sport*, le petit quotidien low cost s'imagine piquer l'ennemi avec son Opinel et ses petits poings. Il vient de l'attaquer par des révélations aussi étranges que fracassantes sur le PSG.

Le groupe Amaury se réveille un peu étonné, chafouin. C'est tout juste si certains de ses journalistes n'en avaleraient pas leur premier café de travers. Le scoop a de quoi réveiller les plus endormis, même les abonnés du placard. À coups de gros titres, voilà le PSG racheté morceaux par morceaux, pelouse, stade, buvette, éclairage, joueurs compris par des milliardaires émiratis ! Le titre du film sonne tel un cinglant fait divers : « Révélations : l'incroyable vérité. 200 M€ pour faire du PSG un des plus grands d'Europe. » On entendrait presque à la croisée des grands boulevards : demandez *10 sport*, sensationnel et pas cher !

Tout y passe. La stratégie est dévoilée. Bon sang, mais c'est bien sûr Sébastien Bazin qui traficote avec Charles Villeneuve depuis des mois pour vendre en catimini ce bon vieux Paris SG. Ah, on nous aurait menti ? Le patron de Colony Capital trahit son conseil d'administration ? Et même peut-être a-t-il écrit la lettre que Charles Villeneuve lui aurait adressée en recommandé ?

Et peut-être même serait-il un vrai (petit) cheval de Troie entré dans la place PSG pour mieux le torpiller de l'intérieur. Un infiltré, ce Sébastien Bazin…

La crédibilité d'un média pour ses collègues tient en une phrase : il suffit de comptabiliser le volume de reprises de ses informations exclusives. S'il est reconnu pour sa rigueur, ses précisions, la garantie de ses sources, il arrive –

suprême honneur – que les vérifications d'usage soient zappées. Quand c'est sérieux, c'est béton, voilà tout !

Hélas, Michel Moulin a dû être déçu : pas une ligne, presque personne n'a cité *10 sport.* Jour de grève peut-être ? Embargo général ? Même pas.

En fait, *10 sport* suit le destin d'*Infos du monde,* désopilant journal des années 1990 qui perdit tous ses lecteurs le jour où Stéphane de Rosnay, son éditeur, révéla que tout ce qui y était écrit n'existait pas, autrement dit tout y était bidon. Du jour au lendemain, ce journal n'intéressait plus grand monde, puis plus personne. Et il est mort le journal farceur que ses nombreux fidèles lisaient au premier degré… Comme *10 sport* ?

Il est vrai que *10 sport* n'est pas né dans la facilité. Le groupe Amaury n'a pas pour habitude de se laisser mordre les chevilles. Michel Moulin – l'éphémère conseiller sportif du PSG ! – prétendit même que son lancement (premier numéro sorti le lundi 3 novembre 2008) fut boycotté par les NMPP (distributeurs de la presse) qui, dès le deuxième jour, auraient oublié d'appuyer sur un bouton, ce qui aurait provoqué l'absence du méritant quotidien sportif dans les relais H. La concurrence est rude, n'est-ce pas ?

Pourtant, *10 sport* se prétendait être un quotidien « positif », le chantre d'un sport glorifié dénué de critiques. L'actualité joyeuse sans le dopage et les crises des clubs de foot. Il promettait tout cela, le *10 sport.* Et puis la concurrence, la crise, le marché de la presse, la pub qui déserte les pages, les pertes qui se multiplient…

Une poignée de semaines après les belles paroles, voici que le PSG est retenu en otage. Le voilà devenu le défouloir préféré de Michel Moulin. Le patron de *10 sport,* à la fois PDG, directeur de publication, reporter, relecteur et, s'il le faut, vendeur à la criée, écrit un édito pamphlétaire, le 26 novembre 2008. Il n'aime pas Rothen avec qui il eut quelques bisbilles du temps où il haranguait dans le vestiaire du PSG. « À force de se mêler de tout et de parler sur tout, M. Rothen commence à lasser et à agacer. Il écrit un livre où il ne respecte rien, bave sur ses camarades et passe plus de temps à parler qu'à jouer. On entend même dire dans le vestiaire parisien que les dernières mésaventures de Sessegnon seraient arrivées dans la presse par le biais de ses indiscrétions. Vrai ou pas, il récolte ce qu'il a semé (…). Mais il est encore un footballeur, il tonne, il peste, il rage, il invective. Mais à regarder ses matches, il dort sur la ligne (…). C'est trop facile de lever les bras vers les tribunes quand l'équipe gagne et se manifester dans les livres quand on perd. C'est trop facile de provoquer les Lyonnais pendant une heure au point qu'Armand, en bon copain, doive se sacrifier pour faire face à des Lyonnais énervés par les provocations et le cinéma de M. Rothen. Un grand joueur ne simule pas, un grand joueur va au combat, un grand joueur ne râle jamais (…). Et si vous vous mettiez à jouer au football, Mr ROTHEN ! (Mr, c'est à l'usage de Monseigneur. Mais peut-être que Michel Moulin finit par avoir de la déférence pour Rothen…) »

Jérôme Rothen, pas non plus très charitable comme nous l'avons écrit précédemment, n'a pas cru bon d'user d'un droit de réponse. En avait-il réellement besoin ?

Un journaliste du groupe Amaury ne caresse évidemment ni *10 sport* ni Michel Moulin dans le sens du poil. Il dit : « Au départ, il a sorti son torchon parce qu'il voulait déranger *L'Équipe* qu'il déteste depuis les papiers qui ont été écrits sur lui. Relisez ses déclarations et voyez le résultat de son journal, on ne peut que sourire. »

Les déclarations justement. Au premier jour de la sortie de *10 sport*, Michel Moulin donne la leçon : « J'espère que l'arrivée de *10 sport* permettra à *L'Équipe* d'être plus crédible. » Fichtre, il attaque dur !

*L'Équipe* est loin d'être parfait, mais il paraît tellement crédible après la lecture de *10 sport…*

Autre vérité énoncée par MM : « Par exemple ce qu'ils (les gens de *L'Équipe*) font avec l'arbitrage actuellement c'est scandaleux, ils n'ont qu'à arbitrer pour voir… *L'Équipe* m'a sali de façon inacceptable quand j'étais à Paris. Ils ont raconté n'importe quoi sur moi. Je me suis retrouvé en une du journal et qui cela intéresse ? Personne, ça ne fait plaisir qu'aux journalistes. Ils ne font un journal que pour eux. » Et M. Moulin vous faites votre journal pour qui ?

Dans le « scoop » du 2 février, Michel Moulin n'y signe aucun papier mais est présent partout. Les quatre pages dédiées à la reprise du siècle ont l'odeur du toc, le parfum du règlement de comptes et une origine totalement incontrôlée. Le scoop n'use d'aucune prudence de style. Le conditionnel y est interdit pour mieux sublimer la mise en scène. Le nouveau staff du PSG a une chouette gueule : à sa tête, des milliardaires d'Abu Dhabi en qualité d'actionnaires majoritaires.

À la présidence, l'impayable Charles Villeneuve, sorte de bras armé, si on a bien tout compris, missionné par les fonds émiratis. En manager général, Arsène Wenger ; en entraîneur, Didier Deschamps.

Côté joueurs, le grand luxe à tous les postes. Les retours d'Heinze, Anelka sont une affaire entendue. Les arrivées de Nesta, Vieira, Mathieu, Bodmer, une banale formalité. En filigrane de cette barbouille journalistique, il existait donc un plan secret fomenté par Sébastien Bazin et Charles Villeneuve.

« Tout était prévu depuis le début », lâche le divin quotidien. Mois par mois, jour par jour, *10 sport* décrypte le « scénario machiavélique » d'un piège qui s'est refermé sur les administrateurs et les censeurs (personnes qui donnent leur avis mais ne participent pas à des votes) du conseil d'administration ainsi éliminés car trop gênants pour le patron de Colony Capital Europe. Même Steven Spielberg n'aurait pas osé l'écrire, ce script-là.

Un ancien de *10 sport* parti sans nostalgie connaît trop bien la boutique pour ne pas rire d'avance : « Là-bas, la retenue n'existe pas. Les journalistes, enfin des pigistes débutants, sont aux ordres. J'imagine bien la genèse de ce faux scoop : Michel Moulin qui aura appris par un ami mis dans la confidence par un ami d'un autre ami déboule à la rédaction. Il fait écrire sous la dictée et personne n'ose émettre le petit son d'un début de contradiction. Quand vous voulez tout faire et que vous vous prenez pour un journaliste, vous obtenez : un ramassis de contradictions et d'infos sorties de nulle part. Qui peut croire un truc pareil ! »

Prétendument dans la combine, selon le quotidien pas cher, Bertrand Delanoë, maire de Paris et garant moral du PSG, après avoir longtemps résisté à la valse des capitaux étrangers, aurait cette fois-ci enclenché le feu vert. Mieux même : il projetterait de prendre l'avion et d'aller en visite aux Émirats arabes unis pour compter les pièces, les billets de banque des milliardaires repreneurs. Le lendemain du scoop, Bertrand Delanoë démentait sans demi-mesure. Le soi-disant gardien du temple, c'est en tout cas sa fonction dans le futur organigramme version *10 sport*, perd du temps à répondre. Pas pour se justifier, non, juste pour ne pas laisser le pauvre lecteur de *10 sport* dans le doute.

Bazin et Colony Capital ? Le démenti (paru sur le site du PSG dans l'après-midi même du 2 février) est plus court mais tout aussi incisif : « Colony Capital s'étonne de la publication de telles contre-vérités, parues sans qu'aucun journaliste n'ait cherché à vérifier la réalité des faits ou à prendre contact avec ses responsables. » Nullement décontenancé par les reproches de Colony Capital, *10 sport* explique le mardi 3 février qu'il lui était compliqué de joindre Sébastien Bazin ou l'un de ses représentants dans la mesure où l'actionnaire majoritaire avait délibérément choisi de n'accorder d'interview qu'au *Parisien* et à *L'Équipe* quelques jours auparavant. Un peu léger...

Aussi léger qu'une petite rédaction sans spécialiste de l'investigation, ni expert attitré du PSG depuis des années. La rédaction n'y est pour rien : un homme a pris en otage le PSG. Il ne veut plus le lâcher, c'est la source infinie de sa rancune.

Il faudrait simplement lui rappeler qu'un faux scoop a fait mourir Pascal Sevran trop tôt. Celui du *10 sport* ne fera mourir personne.

Est-il plus excusable pour autant ?

Quant à *10 sport*, il est passé en hebdomadaire du samedi depuis le 28 mars 2009. Un détail.

# II

# L'UNIVERS IMPITOYABLE AVANT COLONY CAPITAL

# 7

# Le jour où Francis Borelli se sent trahi

## *Les blessures de l'âme*

« Face aux difficultés rencontrées par le football français, et devant les inévitables évolutions qu'il doit connaître, j'ai pris l'initiative, il y a plusieurs mois déjà, de susciter une profonde réflexion sur la création de nouvelles structures pour mon club. Un plan a été élaboré sous mon impulsion qui, aujourd'hui, est en mesure de prendre toute sa dimension.

« Je suis fier que ce plan ait été accepté par la Mairie de Paris et reconnaissant à Monsieur Chirac de la confiance sans faille qu'il m'a toujours accordée. La qualité, la notoriété de ceux que j'ai choisis comme partenaires du Paris SG sont à mes yeux le gage d'un avenir assuré. Les moyens mis en œuvre, les ambitions affirmées, le confort dans l'idée que Paris aura l'équipe qu'il mérite, toutes ces raisons me conduisent, après mûre réflexion, dans l'intérêt général d'un club auquel j'ai tant donné, à devoir passer le relais à deux hommes que je respecte et admire, Pierre Lescure et Bernard Brochand. Je ne doute pas un seul instant de leur succès. L'émotion qui dicte ma plume ne me fait pas oublier les moments de bonheur que mon club a connus sous ma présidence grâce au concours et à l'attachement qui se sont exprimés sans relâche de la part de M. Michel Péricard (ex-maire de Saint-Germain-en-Laye), de tous les sponsors, et en particulier de RTL, ami fidèle, ainsi que tous les élus et collaborateurs. Je tiens à leur adresser ma reconnaissance.

« Merci à la presse pour son œuvre. Je n'aurai garde d'oublier le public, sans lequel le PSG ne serait pas ce qu'il est. Toute mon action a été conçue et menée pour lui donner le maximum de joie et de plaisir. Mes derniers mots vont aux supporters, à qui je demande de continuer à soutenir leur club. Ce sera là ma dernière volonté de président. Bon vent, Bernard, la tâche n'est pas facile, mais je sais pouvoir compter sur toi pour gagner. Vive le PSG. »

Francis Borelli a toujours fait très long, c'est ce qui le distingue de Charles Biétry qui, lors de sa démission le 21 décembre 1998, usera de l'exercice sur un mode plus concis.

On ne se refait pas : un enfant de Sousse a besoin de parler, un Breton passé par l'AFP court à l'essentiel.

Président de 1978 à 1991, le volubile Francis tentera ainsi – jusqu'au bout – de s'accrocher à la dernière brindille qui le retient encore au PSG. À son PSG.

L'homme est sympathique, infiniment sympathique, chaleureux à souhait, séducteur à volonté. En ce 31 mai 1991, le passionné Francis se dresse bravement sur l'estrade d'une salle de conférences du Parc des Princes et se force à éviter les ultimes blessures de l'âme.

Au détour de nos rencontres, les années suivantes, tantôt pour un simple verre, tantôt pour ce sempiternel projet d'un livre imaginé et jamais écrit, toujours rêvé, Borelli parlait d'une voix plus éteinte lorsqu'il était question de sa mise hors jeu. Il avait perdu un peu de sa vie dans cette sale histoire. De la considération, il n'y en eut pas trop à la reprise par Canal +.

Pourtant, l'impétueux Francis voulait bien partir, par la force des choses, mais autrement, pas aussi sèchement qu'autour de cette table si glaciale et impersonnelle au domicile de Charles Biétry, grand initiateur du rachat du PSG par Canal +. « Je lui en ai longtemps voulu d'avoir tenu ce rôle-là, nous avoua-t-il, il y a quelques années. Je ne suis pas de ces hommes que l'on jette ainsi. Ce n'est pas de la prétention, mais j'aurais mérité quelques égards. »

## La vaisselle cassée

Des égards, il n'y en eut point. Et, comme l'a rappelé le journaliste Jean-Philippe Bouchard dans son ouvrage *Le Roman noir du PSG*[1], c'est en effet Charles Biétry qui fut chargé de la sale besogne. Pierre Lescure, le vrai décideur du PSG, agira à la manière d'un Robert Louis-Dreyfus à l'OM : jouer l'effacement pour s'épargner des discussions fâcheuses et sans retour. C'est Biétry qui se charge de casser la vaisselle et d'expédier toutes les années Borelli à la poubelle. « Pourquoi le cacher, ce fut dur à vivre, poursuivra le président déchu, j'aime les marques d'élégance surtout quand les décisions sont graves. »

Francis Borelli et le PSG. Borelli et Paris... C'est d'abord une aventure d'un football à l'ancienne où il n'est pas question de DNCG (Direction nationale de contrôle et de gestion), mais de spéculations sur des rêves et de l'utopie. Et le Parc y a souvent trouvé son compte. C'est comme ça : Francis Borelli s'est construit dans la débrouille. La tchatche et le culot seront ses passeports pour les grands voyages. Avec ses mots enflammés parfois alambiqués, c'était le cœur qui parlait avec des limites et des déraisons. Borelli n'était pas raisonnable, c'est un fait.

Mais le foot l'est-il vraiment ?

1. Éditions Calmann-Lévy.

Depuis sa naissance le 8 avril 1932 à Calle, en Algérie, un simple port de pêche presque accolé à la Tunisie, le petit Francis n'avait aucune raison d'être raisonnable, sa bonne étoile s'arrangeait avec la vie et le ciel.

Fou de ballon rond, il grandit en Tunisie et se fait un nom au Patriote de Sousse. Il prétendait toujours qu'il avait de l'étoffe ballon au pied dans sa peau de défenseur aux qualités techniques certaines, les témoignages de l'époque ne le contredisent guère. Il sera la vedette locale du Patriote de Sousse.

De l'Algérie à la Tunisie, Borelli s'est construit des bouts de vie et de souvenirs pour toujours, jusqu'au dernier jour, comme s'il s'en voulait d'avoir traversé la mer.

Venu accomplir son service militaire dans la région parisienne, il finit par jouer avec l'équipe réserve du Red Star. Le jour de sa démobilisation, le voilà dans le doute, il hésite : il ne reprend pas la mer. Enfin, pas tout de suite. Le voici courant d'un petit boulot à un autre en quête de lumières et d'argent. La bonnc étoile n'agit pas encore ?

Alors, il repart la mine déconfite en Tunisie au moment où la guerre éclate. Le voilà plus tard intendant à la Compagnie des pétroles de Tunisie. Puis la France métropolitaine lui manque, il se retrouve dans les Alpes-Maritimes et décroche un contrat avec la réserve de Cannes. Cet homme-là déteste l'immobilisme, il faut que ça roule comme un ballon de foot, et vite si possible.

Et puis Paris l'attire encore et encore. Il arrache un modeste rôle de figuration dans un film de Robert Hossein. À cette époque, le flamboyant Francis aime déjà les vues que l'on respire depuis les terrasses des cafés. Les rencontres sont plus ouvertes sur le hasard. Ainsi, il est attablé avec tout un tas de copains quand un certain Henri Sidélio, spécialiste de l'insertion publicitaire en tout genre, le pousse à l'association. À Sidélio les idées, à Borelli le bagout. Une paire terrible que ces deux-là !

Francis gravit les échelons dans son métier. Il monte sa propre maison d'édition enrichie autant par sa faconde que par son pouvoir relationnel. Car Borelli aime les gens, il les aide et ils l'aident, c'est la vie, celle apprise de l'autre côté de la Méditerranée.

Francis apprécie aussi les mots élégants et les beaux livres, presque autant que les jolis costumes et les chemises bien assorties, souvent roses, forcément singulières. Il portera toujours très beau, c'était un de ses principes, il ne fallait pas le froisser là-dessus ! Le soin de l'allure pour arranger les conversations.

Affable, Borelli reste accro au foot pratiqué dans la rigolade avec une bande de copains, dont un certain Daniel Hechter. C'est le début d'une belle histoire qui finit par le propulser à la tête du Paris SG, le 9 janvier 1978, trois jours après la suspension du couturier Daniel Hechter dans une affaire de double billetterie du Parc des Princes. Il y restera treize ans, le Francis. Et résistera à toutes les attaques frontales (l'arrivée du Matra Racing) ou verbales avec la montée en puissance des Claude Bez (Bordeaux) et Bernard Tapie (Marseille).

## Prosterné sur la pelouse du Parc

Francis Borelli aimait faire très long. La preuve en sera donnée un soir de finale de Coupe de France (15 mai 1982) entre son Paris SG et l'AS Saint-Étienne de Michel Platini. Il ne reste que des millièmes de seconde à jouer, les Stéphanois mènent 2-1 quand Dominique Rocheteau, un ex-ange vert, tutoie les cieux et fait basculer un stade. Le Parc explose.

Sur la pelouse, Borelli tire sur son éternelle sacoche et embrasse le sol comme s'il remerciait sa terre sainte. L'image ne sera jamais démodée. Il faudra plus d'une demi-heure à la fin de la prolongation pour procéder à la séance de tirs au but emportée par le PSG qui, sous l'ère Borelli, raflera une deuxième Coupe de France la saison suivante et le fameux titre de champion de France 1986.

C'était cela le Paris SG de Francis Borelli, mais aussi un club en quête d'argent frais pour combler déficits et dettes. Le président de ce temps-là n'était pas à un sacrifice près.

À la fin de la saison 1987-1988, les caisses crient famine, l'équipe tire la langue dans les bas-fonds du classement, un air de relégation rôde. Côté finances, plus rien ne va, c'est l'hallali à tous les étages. Pour sauver tout ce qu'il reste de son club et s'éviter la relégation, Borelli joue alors le populaire contre le bon sens. Il ouvre les portes du Parc à tous les supporters, gratuitement, simplement. Sur chaque ticket d'entrée, la mention « billet offert par le PSG, ne peut être vendu » donne le ton.

L'heure est grave, il en va de la survie en D1. Ainsi, il sacrifie les recettes des deux derniers matches du PSG au Parc, face à Auxerre (14 mai 1988) et à Lens (27 mai 1988) pour s'acheter un public qui tend ses mains au maintien. L'équipe finit par se réveiller, elle arrache le nul contre Auxerre (1-1) et exécute Lens (4-1).

Durant ce printemps 1988, Francis Borelli sait qu'il creuse le déficit et qu'il ne résistera pas longtemps à ce trou béant. À ce football toujours plus cher, toujours plus volatile, toujours aussi ingrat.

Les belles paroles, la politesse et sa passion ne suffisent plus. Borelli perd peu à peu la main à mesure que le Parc des Princes se détourne de son équipe. Il a beau se remuer, secouer tout Paris, il n'y a pas d'autre urgence que la vente du club à préparer. Il parlera de l'ouverture à des partenaires financiers, il n'y croira que le temps de l'avoir dit. En coulisses, tout se met en place.

Le plan de relance est opéré par Bernard Brochand, vice-président du club jusque-là, qui reprend la présidence du PSG pour faciliter l'arrivée de Canal + et de Pierre Lescure, son directeur général, à la tête d'une société anonyme à objet sportif (SAOS) chargée de gérer le club. C'est à ce prix que la Mairie de Paris éponge les dettes de l'ère Borelli (50 millions de francs, 8 millions d'euros). Michel Denisot sort du chapeau, devient vice-président de la SAOS puis président délégué d'un Paris SG d'une autre époque, d'un autre cycle.

Un journaliste déclare : « Il y a tout de même eu le sacrifice de Borelli. S'il n'avait pas sauvé son club sportivement lors de la saison 1987-1988 en jouant gratis, l'équipe serait sûrement descendue. Je ne suis pas sûr que Canal + l'aurait repris dans ces conditions trois ans plus tôt. Aujourd'hui, c'est le club qui détient le plus grand nombre d'années de présence en D1 (puis L1), Borelli y est pour quelque chose. Il n'aurait jamais supporté de voir son club descendre. Jamais ! »

Francis Borelli, c'est aussi l'homme des bons transferts (Baratelli, Bathenay, Toko, Boubacar, Rocheteau, Surjak, Susic, Bats, Bravo...)... et des moins bons, bien sûr. C'est surtout un président qui marchait aux miracles. Pour Paris. Pour qu'il y ait toujours des légendes à raconter plus tard. Hélas...

Entre les Trois-Obus et le café Les Fontaines, Francis Borelli a vécu le manque de son PSG comme l'on se remet d'un profond deuil. C'est-à-dire mal. Nous le croisions souvent. Quand il avait du temps pour reconstruire le monde et son histoire, il nous conviait à lui rendre visite à son domicile de la rue Freycinet, dans le 16ᵉ arrondissement, situé entre les avenues Marceau et Iéna.

C'était un appartement vaste, de bon goût où s'exposaient des souvenirs du PSG et les bonnes manières d'un président meurtri mais nullement aigri. Le cœur saignait, c'est sûr. On ne se remet pas de treize ans de présidence du Paris SG d'un claquement de doigts.

Mais il refusait l'amertume et la colère, surtout pas. À l'occasion du jubilé de Laurent Fournier le 21 mai 2000, joueur des années Michel Denisot, Francis Borelli s'était fendu de quelques mots dans le magazine à la gloire du club, il y soulignait son manque et cet amour indéfectible d'une passion collée aux travées du Parc des Princes, à l'odeur d'un stade, à une ambiance si prégnante : « C'est mon Amour, c'est ma passion. Tout ce qui vient du Paris Saint-Germain m'enchante. J'ai presque envie de vous dire que je suis souvent triste. J'ai connu des moments merveilleux, extraordinaires, mais c'est vrai que là je me sens un peu mal à l'aise parce que je sais que plus jamais je pourrai travailler, m'amuser, vivre avec le PSG. »

C'était donc un habitué des établissements jouxtant le jardin de ses plus beaux enchantements. Combien de supporters s'étonnaient de le voir, même las, toujours prompt à venir saluer un des leurs portant la bonne écharpe, celle qu'il aurait cousue à son cœur s'il avait fallu.

## Le livre jamais écrit

De temps en temps, il reparlait de sa satanée envie de « préparer un beau livre de souvenirs sur sa vie », puis Francis repartait vers d'autres horizons. Quelques revues destinées à l'Afrique continuaient à lui absorber du temps, elles le reliaient à l'autre continent, comme une passerelle utile pour raccourcir les distances.

Un beau jour, il ne voulut plus écrire ses souvenirs mais aider à sa manière le club par une élégance non feinte à une période de crise profonde durant la saison 1998-1999, celle-là même qui contraignit Charles Biétry à démissionner d'une présidence furtive et moins légitime.

Alors, il voulait que nous l'aidions à aligner quelques mots sans accabler Biétry. Le club allait mal, Francis ne pouvait donc aller très bien.

Le texte, paru dans le journal du PSG en avril 1999, se voulait un hymne à l'encouragement avant un pesant PSG-

Montpellier. En voici quelques extraits : « (...) j'aime le PSG. Et personne ne pourra me changer. Comme vous les supporters, je souffre aujourd'hui. Comme vous les dirigeants, j'encaisse les bruits et le son d'un blues désaccordé. Comme vous les supporters, je m'accroche au prestige en suspens de Paris (...). Je n'aurais ni le culot, ni l'indécence d'écrire que le club n'a pas d'âme, mais il est évident – et les dirigeants du PSG le savent bien – que dans les circonstances actuelles la chaleur et le réconfort, la solidarité, l'amour, l'affection deviennent plus que jamais des valeurs à renforcer d'urgence auprès de nos joueurs (...). Je ne réclame rien, je ne veux froisser personne (...). Je veux juste vous crier qu'il est indispensable de supporter le PSG (...). »

Francis Borelli s'est éteint le 2 octobre 2007 dans l'Essonne des suites d'une maladie qui gagne trop souvent la partie.

Le monde du football lui a rendu hommage, le PSG a perdu un membre précieux de sa famille. Une minute de silence a été observée le 6 octobre 2007 lors de PSG-Rennes. Depuis le 14 septembre 2008, la tribune présidentielle du Parc a été officiellement rebaptisée « tribune présidentielle Francis Borelli ». C'était la moindre des choses.

Ainsi, l'homme à la sacoche s'en est allé laissant derrière lui une époque, des hommes, des larmes et des rires. D'un clin d'œil coquin, il évoquait la chance, d'un geste ample des mains, il refaisait tout Paris avec les égards et la considération nécessaires. Francis ne pouvait pas avoir d'ennemi.

Par dignité, il avait choisi de s'éloigner du Parc. Il détestait se voir et être vu affaibli, moins « superbe ». Un homme pareil était une lumière de la vie qui brille toujours dans les nuitées du Parc des Princes quand les joueurs du PSG filent vers la victoire. Il faudrait juste que personne n'oublie que cet homme-là s'est agenouillé pour eux. C'était le Paris Saint Borelli.

Qu'il repose en paix. On l'embrasse...

# 8

# Le jour où Daniel Bravo faillit mourir au Camp des Loges

## *Les artistes désaccordés*

À son arrivée au PSG en juin 1989, Daniel Bravo a l'allure du Petit Prince et la séduisante réputation du plus précoce buteur en équipe de France : 23 février 1982, il rentre à la place de Didier Six et laisse éclater son talent à tout juste 19 ans. Les Bleus viennent de battre l'invincible Italie (2-0) après soixante-deux ans de matches contrariés et d'échecs répétés. Sur la pelouse, il est élégant, certains l'envisagent comme un futur Johan Cruyff. Mais Bravo ne sera jamais Cruyff. Le football va trop vite, il freine des carrières à trop vouloir précipiter les choses. Et le talent ne suffit pas…

Pour Francis Borelli, le truculent président du PSG, c'est le début d'une séduction, il mettra donc quelques années à le convaincre de venir scintiller dans la capitale. « Je suis arrivé avec Zlatko Vujovic et Yvon Le Roux, précise Bravo. C'était avant la reprise de Canal +. Le club était surtout très humain, pas forcément très professionnel dans son fonctionnement. »

Sur le banc de touche, le sécuritaire Tomislav Ivic blinde le jeu et s'en remet à Safet Susic, Gabriel Calderon et donc

Bravo pour donner un coin de lumière à un ensemble recroquevillé sur une défense née pour la résistance (Michel Bibard, Philippe Jeannol, Yvon Le Roux et Jean-Pierre Bosser, transfuge de Nice).

Très vite, le Petit Prince découvre une autre réalité, celle qui ne figure jamais sur les contrats, même écrits en petits caractères : « J'étais à Paris mais il n'y avait rien qui ressemblait à un grand club dans les structures. Je me rappellerai toute ma vie d'un cauchemar dans les douches du Camp des Loges : j'avais été électrocuté dans les douches des préfabriqués, c'était horrible, comme dans les films. Je me suis retrouvé par terre, à poil, blanc, livide. Quand j'ai dit aux autres : J'ai pris un coup de jus, Guy Adam (le secrétaire sportif) m'a juste lancé : “C'est pas grave, t'es pas mort !” Le PSG de cette époque, c'était très humain mais tu pouvais y mourir. J'allais de surprise en surprise. Moi, je venais de Nice qui n'avait évidemment pas la dimension du PSG, mais là-bas le club lavait les affaires et les mettait à notre place dans les vestiaires. À Paris, tu t'entraînais avec des affaires dépareillées et il fallait laver toi-même ton linge à la maison. »

## Ivic, le pire de tous

De ces années-là, avant ses rebonds à l'arrivée de Luis Fernandez en qualité d'entraîneur – on y reviendra –, Daniel Bravo retient surtout les mauvaises attitudes de Tomislav Ivic, un de ces coaches plus sensibles à la lumière qu'à la passion des joueurs. « C'est le pire entraîneur que j'ai eu dans toute ma carrière, débutée à 17 ans en D1. Je suis passé par Nice, bien sûr, Monaco, Paris, Parme, Lyon et Marseille et je vous le répète : il n'y a pas eu pire que ce M. Ivic. D'abord, on jouait mal et puis c'était une imposture, ce type. Il n'a jamais aimé ses joueurs, c'était tout pour sa pomme. C'était le roi du cinéma. Une fois, il faisait encore son show dans le vestiaire, il a feint de lever la main sur moi, je l'ai regardé droit dans les yeux et lui ai dit : Vas-y, touche-moi, tu vas voir ! Évidemment, il ne m'a pas touché. »

Virtuose du dribble, racé à ses débuts, Daniel Bravo a peu à peu glissé dans l'enfer d'un Paris comateux. Et pour ce garçon sensible, tout ira de travers.

« Après Ivic, j'ai connu Henri Michel, puis la fin des années Borelli. Canal + est venu restructurer un club qui courait à sa perte. Mais j'ai été très rapidement mis de côté par Artur Jorge quand il en est devenu l'entraîneur. »

L'ex-idole découvre la froideur d'un vestiaire et l'indifférence des titulaires. La gloire passe vite, les intérêts balaient tout. « Le PSG c'est le club où j'ai le plus souffert et c'est pourtant mon club de cœur avec Nice. »

Le blues d'un artiste désaccordé suinte alors du Camp des Loges au Parc des Princes. Il n'y a plus d'étincelles, juste un homme qui se cherche, se perd et s'enfonce dans cet univers-là : « Artur Jorge n'arrêtait pas de vanter mes mérites. J'étais sérieux, j'étais toujours parmi les premiers au footing, mais il ne me titularisait pas. Il avait choisi et je respectais cela, sans pour autant être heureux de la situation. »

De 1991 à 1994, le PSG est une machine à gagner, pas à faire sourire le chaland. Fournier, Guérin, Le Guen, Lama, Kombouaré, Valdo, Roche, puis Weah et Ginola seront, entre autres, des héros solides. Artur Jorge a le long terme pour lui, Bravo, lui, ses angoisses du quotidien. « Je suis rentré parfois avec 50 000 spectateurs qui me sifflaient, je n'avais pas mis le pied sur la pelouse que c'était déjà l'enfer. Je le vivais très mal, d'autant plus que j'étais une idole à Nice. C'était comme si j'avais une bombe dans les mains. J'étais à la limite de la dépression. J'ai toujours pensé que sans ma femme et mes enfants, je ne sais pas ce que je serais devenu. Mais un jour, j'ai décidé que les siffleurs se fatigueraient avant moi. Je l'ai dit et je l'ai fait. Dans le football, tu existes quand tu joues. Moi, je ne jouais pas et quand j'avais le bonheur de jouer, j'avais peur du ballon. »

Daniel Bravo survivant avec Christian Perez, Joël Bats, Antoine Kombouaré, Oumar Sène et Amara Simba de la période Borelli a ainsi vu le PSG grandir sous l'ère Denisot. Lui et les rescapés tiennent leur rôle de guide à l'arrivée des joueurs estampillés Canal.

Laurent Fournier avouera d'ailleurs dans le livre officiel du club : « Bravo, Kombouaré, Perez nous ont accueillis, ils étaient là avant Canal +. Un groupe s'est formé autour d'eux. Ce qu'ils ont fait est exceptionnel. On se retrouvait le matin au Café de la Forêt, à Saint-Germain (...). On a formé un vrai groupe d'amis avant tout (...). »

Mais l'amitié ne survit pas longtemps à la concurrence des postes et des carrières. Daniel Bravo ne zappe rien, les attitudes d'un remplaçant confèrent souvent à l'isolement : « Quand je ne jouais quasiment plus, personne ne venait me dire : Oh Daniel, je te plains. Parfois, j'ai cru sentir dans le regard de certains un peu de compassion et cela s'arrêtait là. C'est le football qui veut ça. »

### Luis, le malin

Avec l'arrivée de Luis Fernandez à l'été 1994, les cartes sont redistribuées. Bravo ne se prend déjà plus pour un attaquant, ses dribbles et ses percées du temps de Nice ne deviennent que des souvenirs enfouis dans la mémoire de quelques supporters. N'est-ce pas lui, à tout juste 18 ans, qui, un soir de Nice-Bordeaux, rendit chèvre un certain Marius Trésor par ses fulgurances et ses accélérations ?

« Pour survivre, j'ai dû évoluer. Je suis passé de milieu offensif à avant-centre, puis je n'étais plus assez costaud dans ma tête pour oser prendre des risques dans le jeu. J'ai eu plus peur avec l'âge qu'à mes débuts. J'avais conscience qu'il me fallait me transformer en guerrier pour m'en sortir. Je suis devenu moins créatif, plus récupérateur de ballons. »

Luis le malin a l'œil sur Bravo qu'il veut relancer autant pour le PSG que pour démontrer qu'il se différencie singulièrement d'Artur Jorge. L'enfant des Minguettes, venu « pour apporter un sourire au PSG », court après les défis impossibles, celui-là ne l'est pas tout à fait.

Luis convoque Daniel Bravo dans son bureau, le regarde droit dans les yeux et lui met le marché en main. Il compte l'utiliser en milieu de terrain défensif relayeur et, si l'ex-Petit Prince s'y affirme, il sera titulaire pour un bout de temps. Fernandez a son idée, facilitée d'ailleurs par les problèmes de blessure d'Alain Roche et le recul de Paul Le Guen en défense. Alors Fernandez s'inspirera du Barça, un de ses clubs modèles, où il observe depuis longtemps la justesse technique et l'utilité du positionnement de Josep Guardiola, situé juste devant la défense dans un rôle de libero qui oriente le système et les relances.

« Je ne suis plus sorti, confirme Daniel Bravo. J'étais tellement heureux de jouer et de ne plus être sifflé. Ce que pensaient les autres je m'en fichais. Je ne sais pas si j'ai pris la place de Le Guen ou de quelqu'un d'autre. De toute manière, on remplace toujours quelqu'un. Moi, j'avais un entraîneur qui me faisait enfin confiance. C'est ce qui me pousse à dire que l'on juge parfois un peu trop vite les joueurs passés par le PSG. Certains n'avaient pas le niveau, c'est sûr, mais pour d'autres, ils n'ont pas eu le temps. Personne ne saura jamais s'ils étaient réellement bons pour Paris. »

Daniel Bravo, ce fut l'une des dernières coquetteries du regretté Francis Borelli. Il voulait en faire un prince d'une époque désaccordée et folklorique. Entre les bisous à la pelouse, la bicyclette d'Amara Simba et les ultimes vestiges techniques de Safet Susic, c'était Paris la bricole sur un air d'autrefois...

Raï a failli ne pas avoir le temps, lui non plus. Pourtant, le Brésilien n'arrive pas dans la peau d'un joueur anonyme, c'est une star au Brésil. Et une star du football au Brésil, ce n'est pas rien.

D'ailleurs, quand Valdo et Ricardo, les deux autres Brésiliens du Parc, apprennent sa signature, il n'est pas utile de trop les regarder pour apercevoir un mélange d'admiration et de respect.

Meilleur joueur d'Amérique du Sud 1992, icône absolue de São Paulo, Raï est un homme de parole et d'honneur. Quitte à éreinter la machine, il refuse de partir en cours de saison quand il accepte de se lier à Paris durant l'hiver 1992-1993. Il sera stipulé par écrit qu'il terminera la saison au Brésil et poussera même jusqu'à la Coupe Libertadores en juin 1993.

Raï arrive donc au PSG à la fin de cet été 1993 sur les rotules mais sans gémir. À l'entraînement, il sue laborieusement, souffre en ayant l'élégance – la marque des plus grands – de ne pas avouer le spleen de sa famille, les pleurs de ses enfants et les errances inévitables d'une autre vie à construire loin du Brésil. Alain Roche n'a rien oublié de cette errance fantomatique : « Raï à l'entraînement, je ne le trouvais pas terrible. Je lui parlais, sa fille pleurait tous les soirs, il neigeait, c'était très dur pour lui. Mais c'était un seigneur. »

### Un roc nommé Raï

Luis Fernandez n'a pas eu trop de doutes sur la qualité du joueur et de l'homme : « Beaucoup de stars françaises auraient craqué. Lui, c'était un roc. Quand il était sur le banc, il était bien sûr déçu, jusqu'au lendemain où il se mettait à bosser et à vouloir gagner sa place. C'était juste une simple question d'adaptation pour lui. »

Avant d'éclater enfin dans le flot de la saison 1994-1995, Raï tire donc la langue au point qu'Artur Jorge, fait rare de sa part, lui suggère de lever le pied. Du repos ou le néant. Le Brésilien n'y tient pas, il encaisse tout, un seigneur !

Les sifflets qui descendent des travées du Parc n'arrangent rien, les médias s'interrogent et évoquent même un départ précipité au Japon. Raï, lui, résiste et se prend même à saisir le destin par la force alors que ce Paris d'Artur Jorge s'apprête à remporter le titre de champion de France dans une atmosphère de fin de règne.

En vérité, le Parc des Princes trop souvent conquis en ces années-là exige de la lumière et des héros qui brillent sur la pelouse. Alors que le PSG de Jorge s'évertue d'abord à construire prudemment sans se fissurer, c'est un concept, une fin en soi chez le roi Artur. Le Parc gronde, plus rien ne lui va à ce Parc chafouin. Il ne pardonne rien et surtout pas l'élimination contre Arsenal en demi-finale de la Coupe des Coupes en avril 1994, une faute de trop.

Et que dire de la titularisation de Raï en attaque à la place du redouté Weah pour le déplacement à Highbury ! Jorge avait son idée : il préservait Weah avant de lâcher le fauve. L'idée fut surtout une pierre de plus contre Raï décevant pour la énième fois.

Pas étonnant par conséquent qu'il soit abondamment sifflé lors de ce PSG-Monaco du 17 avril 1994 où il tient à tirer un penalty, mission pourtant de la responsabilité de David Ginola en temps ordinaire. Une source le rapporte : « C'est ce soir-là qu'il est devenu le vrai Raï. Il fallait le voir rythmer sa respiration, calmement, alors que tout un stade le prenait pour cible. Ginola n'a pas insisté, il a bien compris que c'était presque une question de vie ou de mort pour Raï. Ce penalty a changé certaines choses… »

Le Parc le sifflera de moins en moins, malgré la colère d'une saison frustrante (mais avec le titre de champion !), le public comprend que l'artiste décomposé n'est pas un footballeur qui se planque.

Et la suite obligera le Parc à ne plus le siffler et les journalistes à se reporter à la jurisprudence Raï quand il s'agira d'analyser l'adaptation d'un joueur étranger dans un club de L1, surtout s'il est brésilien.

Alain Roche, aujourd'hui responsable de la cellule recrutement du PSG, justifie ainsi le fiasco de la paire de Sousa-Everton au mercato d'hiver 2007-2008 : « On m'a attribué la faute de leurs échecs, je veux bien, ce n'est pas grave... J'ai tout entendu. Cela a tout de même été une décision collégiale. Everton et Sousa ne sont pas arrivés au bon moment. L'équipe ne marchait pas à l'époque, le championnat brésilien s'était arrêté et ils ne parlaient pas la langue. Ce n'est pas à cause d'eux que l'on a failli descendre. Je pense que c'était deux bons joueurs malgré tout. »

De bons joueurs c'est à voir. Payés au prix fort (6 millions d'euros dont 4 pour le seul Sousa), le PSG a puisé dans ses réserves pour cette paire, de Brésiliens certes, mais pas franchement capable d'enflammer une foule. N'est pas meilleur joueur sud-américain qui veut...

Donc, Raï a fini par réussir. Dans la conscience parisienne, l'exemple d'une réussite affirmée s'incarne en lui. Sorte d'ambassadeur du PSG à travers le monde, Souza de Oliveira dit Raï a survécu à tout. Il est passé de la rigueur d'Artur Jorge aux impulsions de Luis Fernandez jusqu'à l'austérité de Ricardo en devenant inéluctablement le footballeur de référence revenu à sa fragilité humaine un samedi du 25 avril 1998 au Parc des Princes.

Ce soir-là, le PSG reçoit Monaco mais le public s'en fiche un peu. Il n'a même pas les yeux tournés vers le tableau d'affichage (2-1 pour le club de la Principauté), ce public-là. Non, il vient fêter les adieux de l'artiste et s'est habillé aux couleurs du Brésil pour le remercier une ultime fois.

La samba plane à la Porte de Saint-Cloud et Raï y sera toujours chez lui, c'est le message qu'il a compris et qui lui a retourné le cœur. Il avouera, mélancolique, nostalgique, d'une voix aussi posée que son art du jeu : « Je m'attendais à une petite fête mais pas à ça. Le stade aux couleurs du Brésil, tout cet amour, cette ambiance. Le match n'avait plus d'importance, c'était moi que les gens étaient venus saluer (...), c'était de l'amour pour moi. J'ai craqué, je ne pouvais plus retenir mes larmes. C'était un moment d'une intensité extraordinaire (...). »

Ce soir-là, plus personne ne se rappelait d'avoir un jour osé le siffler. Il n'y avait que des pro-Raï dans le crépuscule d'une saison en signe d'adieu. Le PSG bouclait par un doublé Coupe de France-Coupe de la Ligue, Ricardo préparait ses valises, Michel Denisot soignait ses derniers souvenirs de président. Une époque s'achevait.

C'était un septennat sans trop de crises de pouvoir. Les hommes avaient fait dans le raisonnable...

# 9

# Le jour où Denisot propose de déchirer le contrat de Yann Lachuer

## *Paris-la-dévoreuse*

Champigny-sur-Marne n'est pas très loin de Paris, aux alentours de 13 km avec une liaison depuis l'autoroute A4. C'est dans cette ville du Val-de-Marne qu'est né Yann Lachuer, bon milieu de terrain dont la carrière n'a pas collé à ses qualités. Paris y est pour quelque chose, mais pouvait-il refuser d'y jouer ?

À l'époque, Lachuer ne tient pas à prolonger à l'AJ Auxerre malgré l'insistance de Guy Roux. Il ira au bout de son premier contrat pro qui s'achève à la fin de l'exercice 1997-1998. Et basta. Après, il est libre comme l'air, juste guidé par ses envies. Payé 35 000 francs (5 335 euros) par mois, Lachuer reçoit plusieurs propositions qui se croisent au début de l'année 1998 : Parme, l'OM et le PSG, entre autres. Après l'arrêt Bosman (décision de la cour de justice des communautés européennes, rendue le 15 décembre 1995), les lois plus souples et favorables émancipent les joueurs en fin de contrat. Lachuer le sait, il n'attendait que ça : « Je savais que j'allais faire la culbute au niveau du salaire, il ne faut pas se mentir. Mais je n'ai pas choisi le club où j'avais la meilleure proposition financière. J'avais 26 ans, je ne voulais pas me tromper sur le plan sportif. »

Certes, le début d'année 1998 sous l'ère Ricardo n'est guère flamboyant, l'équipe après une victoire contre Strasbourg enregistre quatre défaites consécutives. Mais, comme Michel Denisot n'est pas encore en fin de cycle, tout du moins officiellement, l'image du PSG n'effraie pas les éventuelles recrues : « Moi, j'avais une idée très précise. Je voulais progresser avec la certitude d'être bien entouré par des cadres comme Alain Roche, Vincent Guérin, Laurent Fournier, Paul Le Guen. C'était le sens de mes discussions avec Michel Denisot. J'ai donc signé en mars 1998, je finissais la saison à Auxerre et démarrais la suivante avec le PSG. Hélas, j'ai vécu des mois assez terribles : j'ai connu deux présidents et trois entraîneurs en quelques mois, je n'étais pas venu pour cela. »

L'élan d'une carrière est donc stoppé net. Yann Lachuer lâche ironiquement : « Je me suis retrouvé au mauvais moment et au mauvais endroit. J'ai été en quelque sorte victime de la succession entre Michel Denisot et Charles Biétry. »

L'ex-Auxerrois parle calmement, il a désormais 36 ans et joue toujours en CFA 2, du côté d'Orléans. Dans l'anonymat lointain qui pousse au crépuscule d'une carrière. La mémoire ne le trahit pas. Bien moins que cette révolution parisienne fomentée en coulisses, à l'époque.

« Mais je n'en veux pas à Michel Denisot, je suis certain que lors de ma signature pour trois années dans son bureau, il n'avait aucune intention de partir. Il me l'aurait dit, c'est un homme correct. D'ailleurs, une anecdote résume le personnage : quand il a décidé d'arrêter, il m'a convoqué dans son bureau et m'a affirmé qu'il était prêt à déchirer devant moi le contrat que j'avais signé. Il suffisait d'ouvrir le coffre et c'était réglé. Il avait conscience de m'avoir vendu un projet totalement remis en question.

C'est pour cela qu'il acceptait d'annuler le contrat sans que personne ne le sache. » Le terme « personne » s'adresse évidemment à Charles Biétry, le futur président. Yann Lachuer reste quand même. Dans les lueurs de juillet, il ne le regrette pas encore, Charles Biétry paraît même satisfait de sa présence, d'autant plus qu'il n'est pas marqué par les années Denisot. Normal, il venait d'arriver ! Et puis, l'ex-milieu de terrain ajaïste incarne bien ce football des provinces qui séduit l'ex-chef des sports. Il s'emballe d'une attaque made in nantaise (Loko-Ouédec), mais la formation à l'école Guy Roux ne lui déplaît pas non plus. « Cela partait plutôt bien, enchaîne Lachuer, sauf que j'ai vu arriver Okocha qui évoluait à mon poste. Ce fut le début de la fin pour moi. »

Entre les joueurs étiquetés Denisot et ceux estampillés Biétry, une différence se creusa. Parfois infime, souvent trop évidente. Et Yann Lachuer flottait entre deux eaux, jusqu'à finir par se noyer peu à peu et ne plus avoir besoin d'explications. « Déjà ce n'était pas facile à vivre la rupture entre Denisot et Biétry. Après, je tombe sur Jean-Luc Lamarche, le directeur sportif, et Philippe Bergeroo, l'entraîneur, j'ai bien perçu qu'ils recrutaient à mon poste (Ali Benarbia). J'ai compris, je ne suis pas complètement idiot. Je voyais durant la préparation de la saison 1999-2000 que je n'étais jamais concerné par les oppositions. J'étais toujours dans le coin des remplaçants. Alors, je suis parti à Bastia, c'était préférable. »

Lachuer n'en garde pas trop d'amertume, juste frustré d'être une vague illusion perdue dans Paris-la-dévoreuse. Le bon petit joueur de province qui implose sous la pression médiatique d'un club impitoyable. « À l'époque, tout le monde a morflé, moi je n'ai pas été épargné. Après, les médias vous rangent dans une case, on a écrit que je n'étais pas fait pour Paris. OK, c'est possible mais on oublie le contexte. On aurait pu me juger après quelques saisons, mais là... J'arrive en juillet et je repars à la fin de saison. Pourtant, j'étais fier de porter ce maillot. »

Fier, Danijel Ljuboja l'est bien plus encore. Lui soutient que son passage au PSG s'apparente à une vraie réussite simplement contrariée par l'inconstance des hommes. Joint par téléphone, il songe d'abord à tirer une croix sur ce passé-là, puis deux ou trois questions arrivent à le reconnecter aux saisons 2003-2004 et 2004-2005. « Je n'ai toujours pas compris ce qui s'est passé. En provenance de Strasbourg en prêt (le 6 janvier 2004), je m'adapte tout de suite. Alors que tous les grands joueurs (*sic*) comme Raï et Ronaldinho ont mis un an pour réussir. Tout a changé au bout de six, sept mois pour moi, je ne pensais pas que l'on me manquerait autant de respect. Je ne savais pas pourquoi Halilhodzic me mettait sur le banc de touche. Ce n'était pas normal, moi j'étais bon au PSG. »

Entre Danijel le Serbe et Vahid le Bosniaque, il y eut une rupture accentuée par le stage de reprise de la saison 2004-2005, à Aix-les-Bains. L'attaquant se plaint de douleurs au dos, coach Vahid le prend pour un tire-au-flanc. Et les tire-au-flanc, il n'aime pas trop ça, Halilhodzic.

« C'est dommage, reprend Ljuboja, à la fin de ma première saison, on est deuxièmes du championnat et on laisse partir des joueurs importants. Si le club avait insisté, je pense qu'ils seraient restés. Et ceux qui sont arrivés ont mis du temps à s'adapter. Pourquoi ont-ils tout cassé ? Peut-être que l'on aurait pu être champions de France avec l'équipe que j'ai connue en arrivant. » Peut-être...

L'ex-Strasbourgeois feint d'oublier que la plupart des départs ont été provoqués par la scission évidente avec Halilhodzic. Les Argentins Sorin et Heinze ne sont d'ailleurs pas partis sans le dire.

Quant à Fabrice Fiorèse, il fuit comme un voleur le 30 août 2004, autant par overdose de Vahid que par l'appât d'un salaire supérieur.

Danijel ne veut pas trop aborder « ces histoires » avec son ancien coach : « Je ne vais pas dire du mal de lui, cela avancerait à quoi ? Je suis parti parce que l'autre président qui est arrivé (Pierre Blayau) ne voulait plus que je reste. Il ne connaissait pas grand-chose au football, celui-là. »

Depuis son départ du PSG, Ljuboja erre comme une âme en peine, ballotté d'un club allemand à d'autres clubs allemands (il ne fait plus partie de l'effectif pro du VFB Stuttgart suite à son refus de prendre part à un stage de reprise). Le talent s'est dispersé, le footballeur a perdu ce supplément d'étincelle. Il était venu en prêt, puis était devenu un transfert (3 millions d'euros).

José Pierre-Fanfan sera recruté dans les mêmes conditions. Et à la même époque, presque une trajectoire parallèle. Après une ascension à Lens marquée par le titre de champion de France, il échoue sur le rocher de Monaco, se blesse et dépérit prostré sur un banc des remplaçants mortuaire.

Lorsque Graille-Halilhodzic, l'attelage président-entraîneur de Lille, se reforme au PSG, le cas du Martiniquais est rapidement évoqué. Rejeté à Monaco, presque perdu pour le ballon, Pierre-Fanfan devient une cible évidente pour coach Vahid convaincu de sa résistance et de sa facilité d'adaptation.

Le Bosniaque n'a pas tort, José Pierre-Fanfan, le prêté de la Principauté, ne bougera plus de l'axe. Même s'il vit mal de gravement blesser sur un tacle Shabani Nonda, son ancien coéquipier, le dimanche 24 août 2003 lors de PSG-Monaco, presque d'entrée de jeu (5$^{e}$).

L'attaquant congolais, meilleur artificier de la saison d'avant, est out pour de longs mois, Pierre-Fanfan n'en ressort pas intact, forcément… La défense non plus qui prend de plus en plus l'eau jusqu'à un remaniement tactique qui déplace Heinze à gauche et reconvertit Frédéric Déhu en libero.

## Révolte contre coach Vahid

C'est la naissance d'un axe défensif fort : la paire Déhu-Pierre-Fanfan ferme tous les robinets, Paris se découvre une étanchéité.

En ce temps d'une énième construction, le PSG sous la mesure Vahid prend définitivement ses aises lors d'un déplacement à Guingamp (victoire 2-0) à la fin septembre 2003.

Il lance enfin sa saison qu'il termine donc par une deuxième place en championnat et par le trophée de la Coupe de France. Pierre-Fanfan ?

Son prêt devient alors un transfert de trois ans et rien ne peut l'ébranler. Malgré une cascade de départs, c'est toujours mieux que l'anonymat de l'AS Monaco. Le robuste José a du respect et de l'estime pour Halilhodzic. Un footballeur n'oublie jamais – enfin presque jamais – les mains tendues. Certes, José Pierre-Fanfan sait trop bien que les méthodes de Vahid ne sont pas du goût de tous mais se rassure en supposant que les succès suffiront à s'épargner d'une crise intérieure qui n'ose pas dire son nom.

Il monte au front, avoue même qu'il a « l'âme d'un capitaine ». Il s'y verrait bien dans ce PSG version 2004-2005. Ce n'est pas un fort en gueule, José Pierre-Fanfan, non, un exemple à sa manière plus sûrement. Cela tombe bien : la fonction est vacante depuis le départ sous les sifflets et dans les larmes (finale de Coupe de France contre Châteauroux, 29 mai 2004) de Frédéric Déhu. C'est oublier un peu vite que la révolte contre coach Vahid gronde toujours.

Elle a déjà vu partir Déhu donc, Sorin, Heinze et finalement Fiorèse qui attend les ultimes heures du mercato de l'intersaison pour s'étriper, lui aussi, avec son entraîneur.

Ce Paris-là a perdu son âme, malgré les arrivées de Jérôme Rothen, Mario Yepes et Sylvain Armand. Cela ne s'écrit pas encore, mais cela se vit au quotidien dans un Camp des Loges traversé par de violents courants d'air. On y voit des taupes partout. Enfin c'est Vahid qui les renifle et se ronge les sangs à les débusquer.

La communication vers l'extérieur est devenue minimaliste ou très particulière puisqu'elle repose sur les humeurs d'un certain Gérard Salouze, ancien banquier et surtout cerbère en chef, exécuteur des mauvaises œuvres pour Halilhodzic en crise de parano à jets continus.

L'ombrageux coach bosniaque ne digère pas les états d'âme, il a connu la guerre, c'est un soldat qui vit debout, alors les soubresauts de quelques divas l'agacent quelque peu... Une équipe est en train de s'autodétruire en interne et rien ne peut l'empêcher. Francis Graille, le président, piégé par l'amitié fonce lui aussi vers le précipice. À force de vouloir reculer l'évidence et l'urgence du licenciement d'Halilhodzic, il passe aux yeux de la sphère Canal + pour un dirigeant qui ne décide pas. Et qui ne dirige pas par la force des choses. Selon une source du conseil d'administration de l'époque : « C'est le principal reproche qui lui a été fait. Premier président délégué extérieur à la maison, certes, il était donc moins facile à gérer que les autres. Auparavant, c'était simple : dans l'intérêt du groupe, le président délégué en place appuyait sur le bouton quand c'était nécessaire. Là, cela a trop traîné. Et la mauvaise image du PSG rejaillissait sur Canal, on voulait éviter cela. »

Francis Graille n'est ni un tueur ni un homme injuste. Il n'avait pas le cœur à virer un ami prêt à brûler ses jours et ses nuits au PSG. Le peu diplomate Vahid pouvait bien glacer les joueurs, les insulter même, sans trop craindre toute forme de représailles présidentielles. Graille ne retire pas ce qu'il donne, il va au bout avec cet ami invivable et si attachant à la fois.

En confiant l'équipe à Vahid, Francis Graille revoit le parcours de Lille. De la D2 à la Ligue des champions en trois ans, le coach bosniaque a élevé ses joueurs à la dure et les résultats ont parlé. Graille se persuade qu'il est possible de reproduire les mêmes méthodes avec d'autres joueurs.

À Paris. Au PSG, le club de toutes les crises. Il en oublie qu'un footballeur à Paris est précédé d'un statut qui ne le rend pas aussi « malléable » qu'un joueur de province si bon soit-il. Surtout, il évalue mal l'aversion profonde qui finit par gagner le vestiaire parisien.

Dans son ouvrage *Vous n'allez pas me croire*[1], Jérôme Rothen dévoile quelques morceaux de cette relation agitée. Il évoque sa blessure, une fracture, évidente et sérieuse, qui l'oblige à se soigner et à se reposer sous les yeux incrédules d'un Vahid qui l'accuse de trop s'écouter : « Toi, tu ne veux pas jouer, tu ne veux pas faire l'effort pour l'équipe. Combien t'es payé ? »

La discussion monte de plusieurs crans dans les bureaux du Parc des Princes, le 14 janvier 2005, la veille du match PSG-Toulouse. Rothen devait y effectuer son grand retour depuis sa blessure contractée lors du match de Ligue des champions PSG-Porto, sauf que la douleur le tenaille toujours lors du dernier entraînement. L'ex-Monégasque ajoute même que Francis Graille, alerté par les hurlements d'Halilhodzic, pénètre dans le bureau pour éviter le pire.

Un joueur du PSG révèle : « Vahid est devenu fou à cause de cette histoire de taupe. Mais bien avant, il était déjà impossible à vivre. On en avait tellement marre qu'inconsciemment on a lâché très rapidement. On ne voulait plus le voir. Certains d'entre nous n'ont pas fait tout ce qu'il fallait sur le terrain, ils avaient trop envie qu'on le vire. Ce type confondait le football avec la guerre. Il s'est tué tout seul. C'est bête parce qu'il était compétent, mais complètement tordu dans sa tête. Enfin non, je crois que c'est Paris qui l'a rendu comme ça. En plus, on ne peut pas dire que notre capitaine (José Pierre-Fanfan) nous représentait bien et s'opposait – en tant que capitaine – justement à tous ses excès. »

C'est un PSG qui se lézarde. Un de plus.

1. Éditions Prolongations.

## La taupe du Camp des Loges

Et il est allé très loin dans la crise.

À deux jours d'un match capital, au Parc, en Ligue des champions contre le CSKA-Moscou (perdu 1-3, le mardi 7 décembre 2004), Halilhodzic, comme le rapportera Jérôme Rothen, ne croit plus en personne, après avoir lu dans *Le Parisien* le détail d'une de ses causeries. Le quotidien consentait juste à préciser que l'informateur apparaissait dans le onze de départ du match PSG-Lille (1-1, le samedi 4 décembre) précédant la semaine de Ligue des champions. Pour coach Vahid, c'en est trop : il convoque manu militari tout ce qui ressemble à un joueur du PSG et laisse partir les non-titulaires. Hors de lui, le Bosniaque éructe, s'énerve et tente désespérément de déterrer la taupe. S'il avait fallu retourner toute l'herbe du Camp des Loges, sûr qu'il l'aurait fait.

Ainsi l'histoire se répète : comme du temps de Philippe Bergeroo, une équipe se met à l'arrêt jusqu'à ce que l'entraîneur saute. C'est l'usage, la règle établie : un entraîneur est bien moins fort qu'une équipe. Certains courent moins, d'autres se blessent régulièrement, d'autres encore se planquent, d'autres enfin attendent tranquillement que les défaites deviennent de plus en plus humiliantes. Coach Vahid partira un soir de nouvelle débâcle au Parc face à Lens (défaite 0-2).

Tout un vestiaire l'a lâché définitivement, le 6 février 2005. Lui, dur, têtu, impassible, résistant, ne voit rien venir ou simule l'incompréhension de la situation. Le voilà qui fixe le rendez-vous d'entraînement du lundi matin au Camp des Loges. Il ne reviendra pas, Graille ne le sauvera plus. C'était le licenciement de Vahid ou la porte plus tôt que prévu.

José Pierre-Fanfan ? Ses propos ne furent pas du goût de tous. Certains de ses équipiers n'avaient pas trop saisi le sens qu'il donnait à cette phrase d'après-match prononcée, deux mois plus tôt, contre Sochaux le dimanche 12 décembre 2004 *(*victoire du PSG, 2-1*)* : « Aucun joueur n'a voulu la tête du coach... » En sa qualité de capitaine, Pierre-Fanfan ne parle plus pour tout le monde. La raclée contre Chelsea (0-3 au Parc, le 14 septembre 2004) et la débâcle contre le CSKA Moscou – juste cinq jours avant cette victoire à Sochaux – avaient une vertu : pousser irrémédiablement Halilhodzic vers la sortie.

Pourquoi fallait-il que le capitaine le relance pour un tour ?

« Je n'ai pas trop pigé ce qu'a voulu dire Pierre-Fanfan. Bien sûr que beaucoup de joueurs voulaient la tête de Vahid. Il a peut-être eu peur de perdre son brassard de capitaine. » Celui qui parle figurait également dans le onze de départ du fameux PSG-Lille du 4 décembre 2004. Avec le temps, il en veut moins à Halilhodzic qu'à José Pierre-Fanfan. Allez savoir pourquoi...

# 10

# Le jour où un footballeur paie d'avance ses retards à l'entraînement

## *Détruit de l'intérieur*

Il a toujours aimé converser sur la littérature et les grands écrivains, la peinture et les tableaux, le cinéma et les grands rôles, un peu moins sur la sensiblerie des footballeurs. Depuis la talonnade de Rabah Madjer, le 27 mai 1987, lors de la finale de la Coupe d'Europe des clubs champions entre Porto et le Bayern, Artur Jorge est un ténor du banc de touche, un Mourinho avant l'heure. Du moins, c'est le cas à son arrivée au Matra Racing en juin 1987.

Les vedettes, il sait les gérer. Cet homme-là impressionne très rapidement. À l'époque – nous suivions le Matra Racing pour le quotidien *Le Parisien* –, le Portugais n'était jamais avare d'explications parallèles qu'il « fallait ne pas écrire » mais juste comprendre pour mieux le cerner.

Artur Jorge consommait l'art du secret comme personne. Dans son exigence nécessaire au professionnalisme, il déconcerta rapidement les mœurs du foot français. Denis Troch, déjà son adjoint à l'époque, résume le concept : « Le Matra, c'était une équipe de stars sur le papier. Il y avait Olmeta, Tusseau, Bossis, Umpierrez, Fernandez, Francescoli et des jeunes qui en voulaient terriblement. Artur a mis tout le monde en concurrence. Cela choquait le milieu. Mais c'était le prix à payer selon lui pour grandir. La suite lui donnera raison avec le PSG. »

Entre Artur Jorge et Denis Troch, il y aura d'autres similitudes qu'une épaisse moustache. Le second ajoute : « On voulait réussir en poussant les joueurs dans leurs limites. Hélas, cela a mal tourné au Matra. »

Jusqu'au fameux stage de Casablanca à l'hiver 1987, le club de Jean-Luc Lagardère possède tout de la mécanique bien huilée. L'équipe pointe à la deuxième place d'un championnat où elle reste sur cinq victoires en six matches. Mais dans les dunes et le sable marocain, les stars gémissent, des visages se creusent, des mines se lassent.

Dans son autobiographie *Goal, ma drôle de vie*[1], publiée quatre ans plus tard, Pascal Olmeta révélera d'ailleurs l'intensité et l'exigence d'Artur Jorge durant ces travaux de spartiates : « Artur Jorge encourageait de la voix ; on n'avait pas eu le temps de dire ouf que le coup de sifflet retentissait à nouveau comme une affreuse musique que je croyais entendre à tout bout de champ à force de la redouter. (...) L'enfer, je l'ai vécu dans un pays, une ville où l'on aime se refaire une santé... »

Artur Jorge voulait bétonner le mental de son équipe (il procédera ainsi à son arrivée au PSG, le 10 juin 1991). Mais à cette époque, il vit le drame d'une épouse frappée par le cancer. Détruit de l'intérieur, Artur Jorge se referme de plus en plus et n'évoque sa douleur qu'avec le discret Denis Troch : « Je savais tout bien sûr, mais il n'était pas question de trahir sa pudeur. Artur était plus dur avec lui-même qu'avec ses joueurs. »

Le retour de Casablanca devient dès lors un champ de ruines. Les stars se décomposent. Luis Fernandez a déjà rué

1. Éditions Solar.

dans les brancards, Francescoli crie son envie de partir, Bossis ne tient plus à porter le brassard de capitaine, le fardeau est trop lourd. Tout explose et implose.

## L'homme détruit

Le Matra Racing perd pied, il déjante à Marseille le 19 février 1988 (2-0), un mois après il ressort KO du Parc des Princes (défaite 2-0 contre Montpellier) avant de finir en lambeaux à Auxerre (3-0). Pascal Olmeta est expulsé (tout comme Alim Ben Mabrouk) et pète une porte. « C'était terrible, se rappelle-t-il, c'est à cette période que j'ai enfin vu le vrai Artur Jorge. Il ne cachait plus rien, il a craqué devant nous et nous a déclaré le regard brisé : “Les gars, je n'en peux plus. Vous avez peut-être remarqué mon changement depuis plusieurs semaines. Ma femme est en train de mourir. Cela fait trois ou quatre mois que ça dure. Maintenant, ce n'est plus qu'une question de jours. Il n'y a plus d'espoir.” Je m'en suis voulu de l'avoir trouvé parfois inhumain. On ne peut pas refaire l'histoire. Il m'est arrivé de le détester mais je le respectais. Avec Franz Beckenbauer, c'est l'un des plus grands entraîneurs que j'ai connus. Parfois, je me dis que sa réussite au Paris SG dans les années 1990 doit beaucoup à ce qui s'est passé au Matra. Le PSG a fait une grosse bêtise de le laisser partir ! »

Les années Michel Denisot démarrent par une évidence : pour construire un grand club, il faut que le banc de touche soit investi par un seigneur. Le choix se porte sur l'inévitable Artur Jorge, qui, selon certaines indiscrétions, aurait été – à l'époque – chaudement recommandé par un certain Charles Biétry, son « ennemi » d'après.

Le Portugais revient donc dans la ville de toutes ses passions et de ses tourments. Après le Matra, l'autre Paris. On lui promet des noms et une indépendance de fonctionnement, il sera écouté. En contrepartie, le roi Artur n'a qu'un plan triennal pour faire du PSG un club d'une autre trempe.

Denis Troch n'est pas peu fier de préciser : « En 1991-1992, on termine deuxième du championnat et on accède ainsi à la Coupe de l'UEFA. En 1992-1993, on est la première équipe française à battre le Real Madrid et on gagne la Coupe de France. En 1993-1994, on est champion de France. Tous les objectifs étaient atteints. Pour cela, tout le monde avait beaucoup travaillé. Il ne faut pas oublier le rôle majeur de Jean-Michel Moutier, il s'occupait de la cellule recrutement et avait un rôle bien défini. Il répercutait de manière saine et intelligente la vie du Camp des Loges à Michel Denisot. » À cette époque, Paris naît à une ambition dévorante. Du Matra au PSG, Artur Jorge ne peut pas être dépaysé par des installations d'un autre âge. Après l'inconfort du stade Esso de Rueil-Malmaison, le voilà soumis à la vétusté du Camp des Loges. Peu importe : le moustachu père-la-rigueur s'attache surtout à façonner une équipe costaude. D'abord costaude.

C'est la naissance d'une génération fondatrice dans l'histoire du PSG. Tour à tour débarquent, notamment, Le Guen, Fournier, Valdo, Germain, Ginola, Ricardo, puis Lama, Roche, Guérin, Weah et enfin Raï et Gravelaine. L'histoire peut alors s'écrire avec un exploit pour l'éternité lors du somptueux quart de finale retour de Coupe de l'UEFA contre le Real Madrid, le 18 mars 1993.

C'est le Paris rugissant qui, dans la coulisse, s'est bâti selon des missions partagées.

## Stratégie révisée

Assumant une présidence a priori discrète, Michel Denisot s'installe dans la fonction sans trop subir la pression médiatique dévolue à Artur Jorge. Le coach portugais sait manier l'exercice, il mesure ses phrases et ne dévoile aucune gêne à mesure que le PSG de cette période se blinde de l'intérieur et ratisse sur les pelouses.

C'est aussi la genèse d'une rivalité qui se construit politiquement, médiatiquement et sportivement avec l'OM de Bernard Tapie.

Dans ce jeu de défi entre Paris la rigoureuse et Marseille l'éclatante, c'est une capitale du foot qui tient à se conquérir. Et d'autres enjeux accréditent peu à peu l'idée que la méthode Artur Jorge finit par lasser, elle pousse Canal +, l'actionnaire, à revoir toute sa stratégie.

Charles Biétry y tient un rôle central, comme souvent. Une source le révèle : « Il ne supportait pas de voir le PSG réussir sans lui. Je ne suis pas profondément certain qu'il aurait voulu du poste de président dès 1991. Mais Charles aimait bien la lumière. Il n'était plus tout à fait le phare des sports à Canal puisqu'il y avait Denisot qui s'en tirait fort bien avec le PSG. Alors il a commencé à critiquer le jeu de l'équipe : le vrai maillon faible du PSG d'Artur Jorge. J'ai trouvé cela bizarre : on avait engagé l'entraîneur portugais pour ses résultats, pas pour du spectacle. »

Dans son ouvrage, Jean-Philippe Bouchard confirme par les propos de Pierre Sled le désir obsessionnel de Charles Biétry : « (...) On voyait bien que Charles devenait malade avec le PSG. Lorsque le club lui a échappé, ça a été le premier coup d'arrêt de sa carrière. » Le second coup, on y reviendra, se produisant durant l'hiver 1998.

Une autre version de l'histoire a circulé au printemps 1994, dans la fin de cycle d'Artur Jorge : les critiques persistantes de Biétry avaient le mérite d'équilibrer les relations de Canal + avec le milieu du foot.

La chaîne avait racheté le PSG, certes, mais elle ne le gâtait pas plus que les autres puisqu'elle était libre de l'épingler à l'antenne.

Il faut dire que cette campagne répercute aussi l'écho d'un Parc des Princes de mauvaise humeur. Les tribunes se vident et allument sérieusement l'impassible Artur Jorge. Les critiques deviennent encore plus vives après l'élimination (le 12 avril 1994) en demi-finale de la Coupe des vainqueurs de Coupe contre un Arsenal moins coté qu'aujourd'hui, surtout moins que le Real Madrid battu au tour précédent.

Comme toujours, le roi Artur sécurise l'équipe et se passe même de Weah en attaque, il lui préfère Raï. Les matches qui suivent au Parc (contre Toulouse le 30 avril, Bordeaux le 21 mai) ne sont plus qu'une litanie de râles. Un duo de coaches tire ses dernières cartouches, désarmé, paumé face aux fronts qui l'assaillent de toutes parts.

Sur la fin, ombrageux à souhait, le roi Artur tente bien de relativiser le désamour populaire. Il se penche vers Denis Troch, lui glisse à l'oreille entre deux actions anodines :

« Denis, j'ai réfléchi, il faut faire quelque chose.

— Ah bon, tu crois, Artur ?

— Oui, oui. Tout le monde voudrait nous voir monter sur le banc de touche et s'embrasser. Il faut que l'on soit attrayant. Tu crois que l'on est capable de faire cela, Denis ?

— Non, Artur, ce n'est pas nous. »

Et le coach portugais était content, peu de mots avaient suffi. Un pareil changement bafouerait les principes. Ce ne seraient plus des moustachus qui affronteraient la presse et le public, mais des fossoyeurs de leur propre histoire.

Quatre ans plus tard, un autre chapitre va s'écrire. Artur Jorge n'est plus le même homme. Les tracas de la vie l'ont affaibli ; opéré d'une tumeur au cerveau, l'intellectuel du banc de touche n'a plus la même vigueur d'esprit. Le PSG à qui il « manquait un sourire » ne tient plus à rigoler. Son football dérape, l'esprit maison s'est peu à peu lézardé. Les joueurs fondateurs d'une conquête collective sont partis, les successeurs sont nés autrement.

En ce 9 octobre 1998, le PSG se remet difficilement d'une élimination au premier tour d'une Coupe d'Europe. Contre l'inexistant Haïfa. Un camouflet de plus, un de trop.

Charles Biétry, devenu président effectif à l'été 1998, ne tient plus grand-chose du club.

## Artur Jorge bis

Et Canal + le pousse à se contredire officiellement : il aura la mission d'aller chercher Artur Jorge, avec les dents s'il le faut.

L'histoire s'est vengée. Artur Jorge n'en rajoutera pas, l'existence l'aura rendu plus détaché face aux petites combines de l'existence. En vérité, la seule chose qu'il garde en lui, c'est la confiance et le respect des hommes qui ne l'ont jamais lâché. Alors, il réinvente le duo de moustachus et annonce à la direction qu'il ne travaillera qu'avec Denis Troch, entraîneur de L1 à cette époque, au Havre.

Alain Cayzac, un des dirigeants historiques, contacte le président havrais Jean-Pierre Hureau. L'affaire se boucle en quarante-huit heures non sans avoir failli capoter sur le montant du transfert payé par le PSG au Havre.

Denis Troch, prévenu un lundi matin à 9 h 30, répondra favorablement à Charles Biétry et préviendra aussitôt tous ses joueurs de son départ. « Dès lors, déclare Troch, il n'était plus question de faire marche arrière entre un club qui me voulait vraiment et un autre club qui me laissait choisir. C'est la vraie version. Si je n'avais pas de raisons de quitter Le Havre, j'avais des raisons de rejoindre le PSG. Je n'ai discuté sur rien. Il y avait Artur, cela me suffisait. Hélas, nous sommes tombés sur un autre club, c'était un univers tout à fait différent. On avait construit des choses qui n'existaient plus. »

Dès les premiers matches, le vestiaire a des allures de club Med. Denis Troch ne peut oublier l'étrange scène à laquelle il assiste : « Il y avait un con qui essayait de remettre de l'ordre dans un environnement que je n'avais jamais connu au PSG. Et le con c'était moi ! Je me rappelle d'un joueur dont je ne citerai pas le nom. Il était assis sur le banc de notre vestiaire du Parc des Princes, il avait une cigarette à la main et, de l'autre, il tenait une bouteille de Coca. J'étais sidéré. Le pire, c'est que personne ne disait rien. Je suis allé le voir et lui ai dit : "Qu'est-ce que tu fais ?" Il m'a répondu très tranquillement : "Le match est terminé, c'est bon, on se détend." Il a vu que cela allait partir en vrille, j'ai répliqué : "Tu ne fumes pas dans un vestiaire quand même !" Le joueur en question finit tout de même par écraser sa cigarette et souligner que "cette détente ne datait pas d'aujourd'hui". »

Quelques jours plus tard, dans la bricole et les préfabriqués du Camp des Loges, Denis Troch continue de jouer les gardes-chiourmes. Cette fois, il en a après les retardataires et s'étonne publiquement qu'aucun footballeur ne soit préposé à la caisse des amendes pour les retards à l'entraînement. L'un des professionnels de renom s'approche alors de lui, tend une liasse de billets et signifie ainsi qu'il paie d'avance ses futures entorses aux horaires.

C'était aussi cela le PSG du second passage d'Artur Jorge. Les sourires avaient remplacé la rigueur et le bazar organisé avait gagné la partie. Le coach portugais ne maîtrise plus grand-chose, il se heurte à la légèreté des joueurs et à une direction de Canal + disposée à toutes les rumeurs et contre-pouvoirs. Les « historiques » du PSG (Cayzac, Brochand et Talar) qui ont remis la main sur le club ne sont pas plus souverains que Biétry meurtri et déjà condamné pour avoir recruté le tout et son contraire.

Jorge, lui, se sent d'abord trahi par les mots et les faits. On lui avait promis des moyens, il les attend encore. Toute une kyrielle de décideurs du PSG (cinq personnes au total !) avait patienté, en octobre 1998, à son domicile, à La Haye, pour le pousser à revenir. Même Biétry était du voyage… avec un grand sourire.

Cinq mois après (licencié le 13 mars 1999), sur un bout de table de conférence de presse (le 17 mars 1999), le roi Artur n'a plus de couronnes, juste des meurtrissures : « (…) J'avais le même projet qu'en 1991 : recruter cinq ou six joueurs, bâtir une grande équipe… C'était possible de réussir aussi bien qu'avant. Il me fallait simplement plus de temps. Et surtout plus de moyens. Le PSG ne les a plus. (…) » La voix est triste, le ton fatigué, le regard lassé. Artur Jorge s'en est allé comme il est venu : sans trop sourire, ce n'est pas le style. Ça ne l'a jamais été.

Selon la version officielle, c'est à Philippe Bergeroo que Laurent Perpère, énarque successeur de Biétry, aurait d'emblée proposé le poste d'entraîneur. Dans les souvenirs de Denis Troch, la version diffère, même s'il ne prétend pas parler de Perpère dans le rôle du démarcheur : « Quelqu'un du club m'a effectivement sollicité pour succéder à Artur. Mais c'était trop facile. Je ne me serais jamais permis cela. Quand on m'a posé la question, j'ai dit : "Je n'ai pas compris." On me l'a reposée, j'ai répondu : "Désolé, je n'ai pas bien entendu." Évidemment, j'avais parfaitement pigé. Qu'aurait écrit la presse si j'avais fait cela ? Il n'aurait pas été compliqué d'affirmer alors que même l'adjoint était contre Artur Jorge. Mais je ne mange pas de ce pain-là. »

La seconde vie d'Artur Jorge au PSG a donc moins bien fini que la première. C'est à croire que son amour de la capitale n'était pas réciproque. Mais surtout qu'il est arrivé ou trop tôt ou trop tard au PSG. Un peu comme au Matra finalement…

## 11

# Le jour où Charles Biétry accuse l'attaché de presse de monter le public contre lui

### *Les pleurs perdus*

Plus qu'ailleurs, le PSG cultive la parano. De son premier match au Parc des Princes – le 10 novembre 1973 lors d'une rencontre de D2 contre le Red Star en lever de rideau de PFC-Sochaux. Le club sera officiellement résident du Parc en juillet 1974 – à aujourd'hui, ce club recèle des cris, des chagrins, des douleurs et des chuchotements.

Un salarié du club présent sous les ères Charles Biétry (11 mai 1998-21 décembre 1998) et Laurent Perpère (22 décembre 1998-5 juin 2003) révèle une scène singulière sans sortir de l'anonymat : « Dans ce club, j'ai observé des choses surréalistes. C'est bien la preuve que le football rend fou à Paris. J'ai vu arriver Charles Bussière, l'attaché de presse du club, le visage blême. Je lui ai demandé ce qui se passait. Il m'a dit, l'air complètement perdu, que Charles Biétry l'avait convoqué dans son bureau et le tenait pour l'instigateur qui incitait les supporters à réclamer sa démission dans les tribunes ! On marchait sur la tête, non ? »

Charles Bussière, parti du club en 2002 parce qu'il ne supportait plus le comportement « ingérable » de Luis Fernandez (décembre 2000 à juin 2003), a lâché le milieu du foot après un détour par le service communication du Havre.

Responsable, depuis, d'un tabac-presse en banlieue parisienne, il en sourit. Dix ans après, il vaut mieux en sourire : « Effectivement, je le confirme. Je me suis retrouvé dans le bureau où Biétry avait l'habitude de vous recevoir, au siège à Boulogne-Billancourt, les pieds sur la table et en chaussettes. Là, je l'ai trouvé très solennel. Je l'ai mis sur le compte du match nul peu glorieux contre Strasbourg au Parc, si je me souviens bien (le 16 décembre 1998, le PSG recevait effectivement Strasbourg et a fait 0-0). Il m'a regardé et m'a lancé :

« "Alors, il paraît que tu réclames ma tête !

— Charles, je ne comprends pas.

— Bah, tu vois, il paraît que c'est toi qui as demandé aux supporters de réclamer ma démission dans les tribunes."

« J'ai eu beau nier pareille énormité, il ne m'a jamais cru prétextant tenir l'info de source sûre. Vous imaginez un attaché de presse rameuter des supporters pour faire tomber un président ? Charles Biétry l'a cru, lui ! Quelques jours après, il démissionnait (le 21 décembre 1998)... » Comme quoi, porter le même prénom ne rallie pas forcément...

Plus qu'ailleurs encore, le PSG négocie souvent à contresens. Nicolas Anelka en est évidemment le meilleur exemple. « On nous a souvent opposés, avoue Luis Fernandez, mais tout se passait bien avec lui la première fois. Avant qu'il ne parte à Arsenal, c'était un gentil garçon. Je l'ai fait débuter à 16 ans (16 ans et 11 mois lors d'un déplacement à Monaco, le 7 février 1996). C'était un bon gars. Aujourd'hui, il a fait un peu le ménage (*sic*) et c'est bien. Il n'y a plus que Doug (son agent) qui s'occupe de lui. Sans ses frères, sa carrière est plus rationnelle. Mais le PSG a été ridicule. Vous laissez partir un gamin pour 5 millions de francs (762 000 euros) en 1997 et vous le rachetez 220 millions de francs (33,5 millions d'euros) au Real en 2000 ! Le PSG n'a pas non plus été très fort dans la vente de Ronaldinho, vous croyez vraiment qu'il ne valait que 30 millions d'euros ? »

Plus qu'ailleurs, toujours, le PSG n'a peur de rien. À l'été 2000, il exhibe une image maladroite d'un Nicolas Anelka affublé d'un débardeur style montagnard et d'un bas de survêtement remonté négligemment avec vue sur tatouage sur le mollet droit.

Laurent Perpère, le président délégué, élégant comme toujours, le visage mangé par une barbe soignée, le convie à un tour du propriétaire, en grande pompe, lors d'une mi-temps où les trois quarts du stade courent vers les toilettes ou la buvette.

C'est la saison du grand Paris, paraît-il, celui où l'on voulait rameuter les pépites de la région ou celles qui avaient esquissé quelques entrechats sur de vagues pelouses de province (Stéphane Dalmat, Peter Luccin).

Évidemment, Anelka tient sa revanche : il est plus connu que le modeste coach Philippe Bergeroo et, bien plus encore, que l'effacé directeur sportif Jean-Luc Lamarche en provenance du Nord (de Lens) pour ne plus le faire perdre au PSG, aveuglé par ses jolies trouvailles.

Personne ne devine encore que le temps des mercenaires et de la désinvolture a posé pied sur l'équipe. Et Bergeroo glisse sur un terrain de plus en plus casse-gueule, tout lui échappe.

Laurent Perpère, le président délégué, et Pierre Lescure, le vrai patron du PSG, forts de la signature de Nico-la-foudre, le 21 juillet 2000, ne raisonnent plus, le foot est plus fort que le bon sens. C'est la valse des noms et du carnet de chèques à débit illimité : Lionel Letizi (Metz), Bernard Mendy (Caen), Sylvain Distin (Gueugnon), Stéphane Dalmat (OM), Peter Luccin (OM), Frédéric Déhu (Barcelone) hissent le cocotier à plus de 40 millions d'euros. Si on ajoute le transfert d'Anelka, nous voilà à près de 73 millions d'euros ! Bien après, cela donne toujours le tournis malgré l'inflation des transactions, la multiplication des agents, les désirs des footballeurs et l'embellie des transferts.

## Expert en langue de bois

Mais, en cette période, rien n'était trop beau. Perpère, pourtant expert en langue de bois, s'enflamme. Plus moyen de le retenir, le voilà grimé en Tapie avec les belles manières. Le livre officiel du PSG rappelle qu'il aurait ainsi lâché à cette intersaison 2000-2001 : « Il est normal que Stéphane (Dalmat) et Peter (Luccin) rejoignent le PSG. Depuis toujours, Paris centralise le meilleur de la province... Cette année, Paris peut être champion et atteindre les quarts de finale de la Ligue des champions. La vocation du PSG est d'être parmi les meilleures équipes du continent... » Bigre, du continent ! Rien que ça.

Que le Milan, le Real et Manchester se mettent aux abris, le PSG va les hacher menu !

La Ligue des champions leur est montée à la tête.

Après la saison 1998-1999 digne d'un enfer à plaies continues, le PSG version Bergeroo s'est étonné de finir l'exercice 1999-2000 en vice-champion de France. Le voilà parmi les ténors, un poil démago, un rien provocant. Les années Denisot n'ont qu'à bien se tenir, un autre PSG veut aussi décaper l'histoire !

Anelka arrive donc dans ce contexte de béatitude collective. Très vite, il comprend que Philippe Bergeroo va coincer quelque part, qu'importe : le bon Nico sait déjà, selon certaines sources, que le destin de l'entraîneur n'est pas lié au sien. Et, pour l'ex-adjoint d'Aimé Jacquet, il est évidemment dangereux de mal manipuler l'engin. Anelka, c'est tout de même le sale gamin qui crachait sur le jeu du Real Madrid de Raul et Morientes. Pas assez fun, pas assez cool, ce jeu-là. N'a-t-il pas, comme nous l'avions écrit dans sa biographie non autorisée[1], parue en 2002, glissé avec un aplomb certain : « Le jeu du Real Madrid est très différent de celui d'Arsenal, où j'avais de nombreuses balles en profondeur. Ici, je n'aime pas le système de débordement, d'ouverture, de passe et de reprise, notamment de la tête. De cette manière, je ne marque pas de but. » Et les vestiaires, ça allait Nico, ils étaient bien chauffés au moins ?

Même si ses frères négocient des primes au résultat et par but marqué (7 600 euros), l'enfant de Trappes ne digère ni le discours de Bergeroo ni ses méthodes de travail, quant à ses plans de jeu...

L'illusion dure le temps d'écouler de nombreux maillots à l'effigie de l'icône boudeuse et de réaliser quelques fulgurances dans un Parc en quête de frissons perdus. Et il lui en aura fallu une éternité à ce bon vieux Parc anémié pour redécouvrir un Anelka enfin vivant dans une surface de réparation.

En ce 27 août 2000, miracle : il plante un doublé contre Bastia à l'occasion de la cinquième journée, soit près de quatre ans de disette depuis son dernier but remontant à la nuit de la préhistoire, au 20 septembre 1996 exactement.

Mais l'exode ne l'aura pas changé : du PSG au PSG en passant par Arsenal et le Real, Nico restait toujours un mystère offensif. Au bout de douze matches joués, le voilà à six malheureux buts dans une posture d'enfant grognon, vexé et errant par le vide et les chaos de l'attaque parisienne.

1. *Nicolas Anelka, une énigme* (Solar).

La star déchante, les chants s'étiolent. Un de ses coéquipiers, pas non plus très fan de Bergeroo, constate : « Il ne serait pas venu s'il avait su que l'équipe ne jouerait pas totalement pour lui. » L'équipe ne joue pas pour lui, elle ne joue pour personne. En novembre 2000, le mois de la crise au PSG, Anelka s'emballe sur son site Internet, il refoule le système de jeu de Bergeroo et lui recommande chaudement de puiser dans les forces du CFA, là même où évoluent ses potes (Abriel, Kelban, Cissé). Comme il n'est guère entendu, il se blesse et ne guérira jamais tant qu'il verra la longue carcasse de Bergeroo.

En ce temps-là, Luccin et Dalmat chassent les mouches sur les pelouses, Benarbia est sur le départ sans être jamais tout à fait arrivé, Okocha ne joue pas et il ne s'en porte pas plus mal. Bref, la tombe de Bergeroo se creuse, Anelka n'a pas donné sa part aux chiens pour gratter le sol.

Une source déjà présente durant la période Biétry, un brin déconfite, le confirme : « Cela ne ressemblait plus à un club de football. Benarbia chantait sous la douche après une défaite en Ligue des champions (contre le Bayern 2-0, le 17 octobre 2000). J'ai connu l'époque où plusieurs joueurs finissaient l'entraînement et fonçaient vers Deauville pour revivre au Casino, c'était de notoriété publique. Tout le monde a failli flinguer le club. Je ne vise pas que certains joueurs à la mentalité de jeunes branleurs ou de pseudo-stars fatiguées de courir. Je parle surtout de l'incompétence crasse des dirigeants de Canal de cette époque-là. Il n'y avait plus de tauliers, plus de patrons. Perpère n'y connaissait rien... Et comme Lescure traitait cela de très loin. Des mauvaises affaires, ils en ont réalisé quelques-unes, non ? »

## Une pépite brésilienne

Pas toujours, la vérité pousse à dire que ce sont ces dirigeants-là qui, le 17 janvier 2001, annoncent la signature d'un futur génie du football mondial. Il s'appelle dans la totalité de son patronyme Ronaldo Assis Moreira, en raccourci Ronaldinho. La pépite brésilienne s'est embarquée pour cinq ans (4,79 millions d'euros, une misère de nos jours !), il débarque du Gremio de Porto Alegre et ne jouera, comme ce fut le cas pour Raï, qu'à l'entame de la saison suivante.

En attendant, Bergeroo trinque pendant que Zorro Fernandez, porté par la foule et adoubé par les joueurs, s'échauffe en coulisses. La bande à Nico (Anelka, Dalmat, Luccin et donc les jeunes du CFA) range son aigreur, elle n'a rien a priori contre un enfant des Minguettes, un gosse des cités.

Luis est réclamé par les gradins le 21 novembre 2000, au soir d'une calamiteuse défaite en Ligue des champions contre le Deportivo La Corogne (1-3).

Laurent Perpère s'exprime après le match pour briser la rumeur ; le silence aurait alors été préférable : « Luis, c'est le passé. » Douze jours après, le même Perpère officialise l'arrivée de l'idole du Parc, il avale aussi sa promesse par laquelle il jurait sur son honneur qu'Ali Benarbia ne rejouerait plus avec le maillot du PSG sous sa présidence. Rien de tel pour chauffer Luis ! Qui, bien entendu, se dépêchera de réintégrer l'impétueux milieu de terrain algérien dans le groupe.

En ce temps-là, Laurent Perpère sortait de nulle part médiatiquement parlant. À Canal, ce diplômé de l'ENA et Normale sup, agrégé de lettres, était devenu directeur général, responsable des finances. En le nommant, Pierre Lescure met ainsi fin aux présidents journalistes sportifs (Denisot, Biétry) sans envisager un bail plus long que le bout de la rue. Laurent Perpère déboule dans un jeu de quilles, il a pour tâche d'évaluer l'ardoise laissée par Biétry et de jouer de la soustraction.

Perpère n'est pas obsédé par le foot, cela tombe bien, Canal + en a marre de payer. Avec lui, pas de risques d'inflation, foi de financier pur sucre.

Hélas, le foot change les hommes et leur nature. Le président délégué laissera, lui aussi, déraper les chiffres ; une place de vice-champion de France et une Ligue des champions à l'horizon, cela vous retourne un homme. Au bout du compte, Laurent « perd perd », le fusible saute pour ne pas avoir viré Luis assez tôt, donc trop tard. À son départ, la dette s'élève alors à 200 millions d'euros, Canal ne décrypte plus rien, c'est la panique comme nulle part ailleurs.

Perpère portait beau pourtant. Il avait de la tenue, de l'élégance mais aucun talent particulier pour vivoter dans le marécage footeux. Alors Luis s'en est amusé pendant longtemps, ce qui fragilisera une présidence pilotée depuis les bureaux de Pierre Lescure.

En imposant le retour de Fernandez, le patron de Canal tient à accélérer la cadence. Le PSG est en Ligue des champions, il a investi sur du lourd, tourné ses yeux vers la banlieue et ses plus-values futures. Perpère ?

Il encaisse, accepte de sacrifier Jean-Luc Lamarche, son directeur sportif, trop gênant pour un Luis omnipotent, décisionnaire sur toute la politique sportive. Dans ses premiers mouvements, l'ex-international s'arrange pour qu'on entende sa petite musique. Il trouve le recrutement un peu bancal et tient à rappeler qu'il vient d'une terre où on ne lâche rien.

Luis a sauvé Bilbao, c'est le baroudeur des missions perdues, c'est donc un spécialiste des causes indéfendables.

Le retour de Luis, c'est une négation même de la période Denisot, il s'inscrit dans un environnement où les coups pleuvent de toutes parts. Le public charrie sa colère. Le bon peuple veut du Luis ? Il l'aura. La foule veut des joueurs qui mouillent le maillot et se fatiguent jusqu'à la sueur ? Il les aura aussi.

Fernandez a des oreilles, la preuve : « J'avais compris très rapidement qu'il me fallait des guerriers. » Il n'ira pas plus loin le bon Luis, il aime les stars mais encore faut-il qu'elles lui ressemblent. Le langage de Fernandez est minimaliste, il ne court pas après les mots, dribble toutes les règles de grammaire établies. Peu importe, il s'en fout. Ses mots sortent des tripes, ils touchent le Parc des Princes. Encore faut-il réussir le bon tri...

De Luis, on en reparlera plus tard. Nous avons d'abord jugé utile de retrouver le footballeur le plus représentatif de cette époque bercée par quelques douceurs et beaucoup de pleurs perdus dans les crises. Il n'était pas star, mais plutôt bon joueur de devoir. Jimmy Algérino a débarqué au crépuscule du règne de Michel Denisot (saison 1996-1997) et a bouclé ses valises en décembre 2001 sous l'ère des vents contraires entre l'impulsif Luis Fernandez et l'effacé Laurent Perpère.

Au bout du fil, la voix est enjouée, un peu moins à l'évocation de ce PSG affolant d'inconstance. Algérino, latéral droit, aura usé trois présidents (Denisot, Biétry et Perpère) et pas moins de cinq entraîneurs (Ricardo, Giresse, Jorge, Bergeroo et Fernandez) en à peine cinq années avec, au bout de l'histoire, le doublé Coupes de France et de la Ligue en 1998 et... plus rien, le néant, le défilé des balles perdues jusqu'à une victoire finale dans la si peu respectable Coupe Intertoto en 2001. Juste avant de partir. Juste avant d'aller se gondoler à Venise, remonté en série A italienne.

Ses souvenirs se bousculent un peu, il résiste à l'envie d'hurler au gâchis. Jimmy Algérino n'était pas un mercenaire. « C'est vrai que j'ai vécu des choses difficiles, dit-il prudemment. Il y a eu beaucoup de changements, trop sans doute, ce n'était pas simple d'avoir des repères solides. Mais il y avait une vérité et je ne veux accabler personne : les joueurs qui avaient connu la galère avant de signer au PSG ont mieux géré les multiples bouleversements. Après la période Denisot, j'ai traversé une sorte de long flottement et, comme les résultats manquaient, il n'y avait rien de positif pour nous. »

Si on évoque les critiques bien senties d'Alain Giresse et Philippe Bergeroo à l'égard de certains joueurs à la mentalité d'épiciers, Jimmy Algérino se rappelle surtout « d'avoir eu une franche poignée de main de Giresse lors de son départ. Il m'avait remercié de mon comportement. Donc, je n'ai jamais pris cela pour moi ».

Aujourd'hui, il forme des gamins du côté de Toulouse, à l'US Castanet : « C'est une façon de rendre au football tout ce qu'il m'a donné. En riant, je pourrais dire que j'ai connu au PSG des entraîneurs et des présidents qui ne se ressemblaient pas. J'ai la sensation d'avoir vécu un gâchis tout de même. » S'il le dit…

# 12

# Le jour où Bergeroo est victime de la mutinerie des joueurs

## *Les silences entendus*

« Quand vous entraînez à Paris, il faut des réseaux pour s'en sortir. Bien plus qu'ailleurs. Soit des réseaux médiatiques, soit des réseaux politiques. À partir de là, on peut survivre à des périodes délicates, mais est-ce que vous ne perdez pas votre âme ? Le PSG, c'est comme un skipper, s'il tombe à la mer, il s'imagine que ses équipiers vont le sauver, hélas, la réalité est cruelle : ses équipiers feront tout pour s'éloigner avec le bateau. Le skipper criera et il n'y aura plus personne, le bateau foncera très rapidement sans lui. J'ai vécu ainsi mon histoire… » À Paris-la-méduse.

Pour Philippe Bergeroo, cela n'a pas été une tragédie de la vie. De ce destin quelque peu brisé, il s'en est mieux préservé que d'autres « parce que je n'étais pas programmé pour tenir ce rôle-là au PSG. À la minute où je suis devenu entraîneur, il y avait une date de péremption. Je ne pensais pas tenir autant ».

Ce grand gaillard (1,91 m) à l'accent basque s'est adapté à toutes ces lumières folles, éphémères et dérisoires. Aux manigances d'arrière-salle, à la sécheresse de quelques supporters décidés à lui rappeler que les manières d'un provincial s'accommodent mal de Paris l'élitiste. « Quand il m'arrivait de sortir, je n'avais pas besoin de tendre beaucoup l'oreille, se rappelle-t-il, pour entendre : eh, le paysan, qu'est-ce que tu fais-là ? »

Bergeroo devient entraîneur du PSG, un peu par surprise, comme un malentendu. Il tiendra vingt et un mois d'une existence particulière chahutée par l'amateurisme de certains joueurs et les calculs stratégiques (et politiques) des dirigeants historiques ou pas.

L'ex-gardien des Girondins n'est au départ l'homme de personne, il n'est donc pas un ennemi de quelqu'un. Pas de lutte d'influence en coulisses, Bergeroo c'est le provisoire qui n'emprisonne et ne vexe pas.

D'ailleurs, s'il avait oublié certains principes, il aurait évité le retour d'Artur Jorge aux affaires. « Quand Alain Giresse a été limogé (5 octobre 1998), on m'a proposé de le remplacer. Mais je ne renie pas une certaine morale. Je me voyais mal succéder à celui qui m'avait enrôlé comme entraîneur des gardiens et avec qui j'avais joué autant d'années (cinq) sous le maillot des Girondins de Bordeaux. C'était l'insulter et m'insulter moi-même. » Ainsi, Bergeroo voit passer un premier train conduit à nouveau par le sérieux Artur Jorge affublé du non moins sérieux Denis Troch, débauché du Havre pour rebâtir un PSG qui court dans le bon sens.

Très vite, Bergeroo découvre qu'il ne sera plus un adjoint des entraînements mais bien un embarrassant cintre que l'on a envie de décrocher.

L'épisode ne l'émeut pas plus que ça, il l'a vécu dans une sorte de détachement attendu : « Je me suis retrouvé au placard. Artur Jorge et Denis Troch étaient enfermés dans un bureau et ils m'avaient placé ailleurs. J'ai vite compris que je n'étais pas du voyage. Je me suis donc fait une raison et j'ai bossé le mieux possible dans mon coin pour être utile aux gardiens de but du PSG. Je n'étais plus l'adjoint que de moi-même. »

La version de Denis Troch, l'indéfectible adjoint d'Artur Jorge, diffère quelque peu : « Il n'y avait pas une volonté marquée de mettre Philippe Bergeroo à l'écart. Mais avec Artur Jorge, depuis notre expérience au Matra Racing puis le premier passage au PSG, on avait l'habitude de bosser en duo, de tout se confier. Mais si Philippe Bergeroo dit cela, c'est qu'il l'a ressenti ainsi. »

Et de reprendre plus sévèrement : « Il n'a pas non plus refusé quand il lui a été proposé de remplacer Artur Jorge par la suite. C'est bien ça, non ? »

## Curieuse autogestion

Dans l'histoire de ce club si singulier, la parano, les lourds silences et les petites impostures occupent plus de place que le palmarès (une Coupe d'Europe des vainqueurs de Coupe (1996), deux titres de champion de France (1986 et 1994), sept Coupes de France (1982, 1983, 1993, 1995, 1998, 2004 et 2006), trois Coupes de la Ligue (1995, 1998 et 2008) pour trente-cinq saisons en L1).

Le temps se charge de ne rien arranger. Bergeroo, dans sa posture de coach débarqué de nulle part, jongle avec les ratés des stars et les ego de joueurs surfaits ou nuisibles pour le collectif. Il n'était pas attendu, mais résiste – comme il peut – et découvre par surprise que la réputation d'Artur Jorge a vécu.

L'ancien entraîneur auréolé d'un titre de champion d'Europe avec Porto (1987), considéré comme un père-la-rigueur du temps du Matra Racing (1987-1988) et de sa première aventure avec le PSG (1991-1994), laisse filer certaines choses. Les joueurs ont pris le pouvoir, le PSG avance sur des ruines.

Une source le révèle : « On ne mesure pas assez le climat délétère peu à peu répandu au sein du club. C'est au temps du duo Ricardo-Bats que le pouvoir a été récupéré par les joueurs avec les silences entendus du président Michel Denisot. En ce temps-là, il n'y avait plus de discipline, ni d'hygiène de vie. Les joueurs pouvaient fumer, avaler des pizzas ou boire de la bière ou du Coca, c'était l'autogestion. Comme il y avait encore des résultats… »

Les sales habitudes ont la peau dure. Comme Giresse ou le duo Jorge-Troch avant lui, Bergeroo compose comme il peut, les statuts et les contrats sont parfois supérieurs à la volonté des coaches… À cette époque, certains joueurs ne se gênent donc pas pour griller une cigarette dans le vestiaire ou même y pénétrer avec des chaussures de foot crasseuses et boueuses.

Philippe Bergeroo obtient tout de même de son équipe une espèce de victoire partagée : si l'entraînement se déroule de manière professionnelle, les mises au vert seront plus souples et n'obligeront pas les Bernard Lama, Mickaël Madar, Xavier Gravelaine et Bruno Rodriguez à lâcher les cigarettes ou les parties de cartes.

C'est la paix des braves sans les bravos, les minces succès dans les confidences d'un vestiaire brinquebalant.

Philippe Bergeroo ne s'est jamais accordé un sursis de plus d'une semaine, il ne s'imaginait pas battre le record de brièveté de son ami Alain Giresse, mais de peu : « Quand un type comme Alain Giresse est viré au bout de huit journées, il faudrait être irraisonnable de croire que l'on peut durer dans ce club-là. Moi, c'est simple : j'ai été appelé à Canal où j'ai été reçu par Laurent Perpère et Alain Cayzac. Ils m'ont demandé mon programme, si j'avais l'équipe. J'ai répondu qu'elle était surtout trop défensive. Et là, on m'a dit : OK, tu as l'équipe. J'ai demandé à réfléchir, tous mes amis m'ont dit que je serais fou d'accepter. Et j'ai accepté, je pensais être entraîneur du PSG pour la semaine, cela a duré vingt et un mois… »

Le Basque finit par se plaire dans sa fonction et s'entend plutôt bien avec Laurent Perpère et Jean-Luc Lamarche, respectivement président et directeur sportif. Mieux : le trio désavoue les années passées, il bosse sereinement.

À défaut d'être aveuglés et dévorés par la folie du foot, les trois hommes discutent, tranchent, se parlent et veulent faire du PSG un club normal. Mais est-il né pour être tout à fait normal ce club-là ?

« Quand on me donne l'équipe à huit journées de la fin, on n'est pas loin de la relégation. On se qualifie même pour la Coupe de l'UEFA (le PSG finira neuvième lors de cette saison 1998-1999), mais ce n'est pas encore assez. Quand je rentre dans le vestiaire, j'entends un dirigeant dire : “Ce soir, on n'a pas vu de football, Montpellier méritait sa victoire (1-0 au Parc, le 3 avril 1999).”

« Le président Perpère m'a vite saisi par le bras pour que j'évite d'attraper ce dirigeant. Une autre fois, on joue à Monaco et le PSG réussit une remarquable première période (en réalité, le match se joue au Parc, le 25 septembre 1999). Puis on en prend trois et là, j'ai vu des dirigeants parisiens rigoler… C'était un contexte particulier. Parfois, l'adversaire est à l'intérieur même de votre club. »

Bergeroo n'occulte rien. Il ne donne pas de noms mais laisse deviner et comprendre ce qu'il a subi. C'est une histoire finie avant d'avoir réellement commencé : « Je ne suis pas un adjudant, mais je n'ai pas accepté que le capitaine de l'équipe (Ali Benarbia), lors des mises au vert, prenne des taxis à 23 heures et revienne à 6 heures du matin. À partir de là, il a monté une partie de l'équipe contre moi, 20 % à peu près. C'est énorme dans un vestiaire. Les joueurs ont commencé à me lâcher lors d'une défaite au Parc contre Rennes, puis surtout à Sedan où c'est la débâcle (5-1). »

En ce soir du 2 décembre 2000, son visage est livide, Bergeroo est plus marqué par la trahison que par la brutalité de la défaite. Il s'isole sans s'épargner du protocole d'usage : face à la presse, il se défend une dernière fois sans révéler les noms écrits derrière certains maillots encrés par la trahison. Il dira juste, dignement, sans se retourner : « Voici un moment que je sentais certaines choses. Je n'en veux pas aux joueurs (que pouvait-il dire à ce moment-là ?). Je ne suis pas le premier ni le dernier entraîneur à être viré. » De cette manière, un peu quand même… Enfin, c'était le premier au PSG.

Au retour de ce chaos, le limogé se rend au Camp des Loges, lieu d'entraînement du club, autant pour expédier les affaires courantes que pour s'épargner un certain déferlement médiatique. Deux ou trois joueurs viennent s'excuser de l'avoir lâché. Le temps passé ne rend pas Bergeroo plus indulgent sur cette fronde : « Je préfère dire "ils", ils se reconnaîtront. Je me rappelle encore de leurs mots : on a été dégueulasses avec toi, Philippe. J'ai juste répliqué que la vie se chargerait de leur faire payer cette trahison. »

## Une période empoisonnée

C'est une évidence : les derniers mois furent détestables. Entre les caprices des joueurs et la rumeur galopante de l'arrivée de Luis Fernandez, Philippe Bergeroo ne se confie plus à personne de peur d'être entendu de partout : « C'était réglé depuis un moment. Quand vous êtes coincé dans l'engrenage, le PSG vous broie implacablement. J'avais tout de même été vice-champion de France lors de la saison 1999-2000 et qualifié au deuxième tour de la Champion's League. Mais comme tout le monde voulait Luis, ils ont eu Luis. La presse savait tout de l'intérieur du club, il y avait des taupes que j'avais bien identifiées, dont un chargé de la communication du club. C'est vrai qu'il a communiqué, mais dans le mauvais sens. Cela torpillait tout, les dirigeants savaient tout. Où était la part d'intimité d'un vestiaire dans ces conditions ? »

Pris dans la tourmente comme de nombreux autres entraîneurs sacrifiés sur l'autel de la pression médiatique et des luttes d'influence, Bergeroo n'en veut même pas à Laurent Perpère de l'avoir lâché sur le bord de la route, sans trop s'éterniser : « Il était obligé. Je n'ai pas la mémoire courte : quand il s'est agi de me nommer entraîneur, il n'y avait que sa voix pour moi. Les autres dirigeants n'y pensaient pas. Mais on ne m'a pas mis un pistolet sur la tête pour signer. Je savais où je mettais les pieds. »

Aujourd'hui retourné au sein du giron fédéral, Philippe Bergeroo s'amuse d'une anecdote qui a débuté par une question qu'il avait posée dans le cadre d'une interview des anciens du Paris SG à Alain Cayzac, encore président du club. « C'était *France Football* qui avait organisé cela. Moi j'avais demandé à Cayzac quel était son comportement depuis qu'il se trouvait en tant que président délégué dans le tambour de la machine à laver. Il m'a répondu : “De toute façon, je n'ai pas encore été viré, mais c'est vrai que je suis dans le tambour.” Et j'ai ajouté : Faites attention, à chaque fois que vous sortirez la tête, quelqu'un appuiera systématiquement sur le bouton essorage. On s'est revu depuis son éviction du club, on a fini par en rigoler. À Paris, c'est le job qui veut ça. C'est aussi fréquent que des entraîneurs du style de Luis Fernandez ou Vahid Halilhodzic. Alors, eux c'est simple, je milite pour qu'ils aient le diplôme d'archéologue, dit-il ironiquement. Dès qu'ils reprennent un club, c'est toujours : “Physiquement, les joueurs ne sont pas bien, mentalement ils ne sont pas bien et tactiquement ils n'ont rien fait.” C'est commode, ils gagnent du temps en tapant sur le précédent entraîneur. Moi, je n'ai pas que des qualités mais quand j'ai succédé à Artur Jorge, je n'ai rien dit contre lui, jamais !

C'est la différence entre eux et moi, et je suis content de cette différence. »

S'il fallait organiser une table de retrouvailles de tous les entraîneurs passés par le PSG, il n'est pas certain que cela soit un aimable repas... Il serait en tout cas préférable de prévoir quelques chaises de distance entre Philippe Bergeroo et Luis Fernandez : « Dans les tribunes, il attendait le poste depuis un an et demi. Il était tout le temps là à chaque match. Je savais que cela grenouillait dans les coulisses. Mon éviction a simplifié les choses, même Canal + m'a vite zappé. Quand Luis a repris l'équipe, il y avait un déplacement à Nantes qui, à cette occasion, a donné l'idée à Canal de réaliser un reportage sur tous les précédents Nantes-PSG. C'est bizarre, mais celui du début de saison avait disparu. On avait gagné 4-1 (4-0 en réalité, le 3 octobre 1999, buts d'Algérino, Madar et un doublé de Leroy). Mais (un peu perfide) je préfère croire qu'ils ont égaré la cassette. »

On retiendra, dans le luxueux *Histoire du Paris SG*[1], que Philippe Bergeroo aura été le dix-huitième entraîneur du PSG. Il aura duré plus que de raison parce qu'il n'avait pas le clinquant d'un Luis, la respectabilité d'un Artur Jorge. Et il s'est vu sortir de la pénombre quand il n'était plus question de parler d'autre chose que de survie.

Loin des divas et des discours alambiqués de Canal +, l'ex-adjoint d'Aimé Jacquet à la Coupe du monde 1998 avait donc posé son regard sérieux et son goût des choses simples. Une source confie : « Perpère et Bergeroo, c'était un duo plutôt insolite puisque ni l'un ni l'autre n'aurait tué père et mère pour arriver à ces postes-là. Le PSG a été géré par un énarque et un type modeste dans son approche du foot. Ils se sont pris au jeu dans cette pétaudière et cela a failli marcher. Beaucoup de joueurs de cette époque ont dû

1. Éditions Hugo.

mal dormir. Ils ont consommé trois entraîneurs et deux présidents entre 1998 et 1999. »

En ce temps-là, la marée était très forte. Les skippers épousaient le vent sans savoir où et quand ils échoueraient. C'était le temps où Charles Biétry se croyait plus fort que Michel Denisot et usait du Kärcher pour nettoyer et décaper tous les vestiges passés de l'ancienne présidence.

C'était aussi l'époque où Alain Giresse ne figurait plus dans le carré magique mais dans un pré maudit. C'était encore le temps où Marco Simone et Jay-Jay Okocha jouaient quand ils voulaient sur deux pieds ou par-dessus la jambe. C'était enfin le temps où Artur Jorge n'était plus que l'ombre de lui-même. Affaibli par une maladie sérieuse, il aura tenté de redonner à Paris un goût de sérieux, mais il ne suffit pas d'avoir une moustache pour qu'une équipe ne rigole pas au nez et à la barbe de son public. En ce temps-là, le PSG post-Mondial 1998 aurait pu mourir de ses errances et de ses vagues trop féroces.

*Fluctuat nec mergitur* a bien failli être une devise sans symbole...

# 13

# Le jour où Ginola et Fernandez s'insultent dans un car à Moscou

## *La litanie de plaintes et de colères*

Né à Tarifa (Espagne), mais le PSG dans la peau. La rencontre eut lieu le 22 décembre 2008, Luis Fernandez voulait éviter le son sans image. Pas d'interview par téléphone : « J'ai besoin de voir et de donner du temps à mes réponses. Parler du PSG, ce n'est pas un exercice facile. Si ce sont des choses qui doivent rester. » L'attente a été brève. Une poignée de jours, c'est tout. Le rendez-vous était prévu un lundi soir, pas très loin du parc Monceau et tout près de son appartement qu'il occupe depuis des années, selon les circonstances de sa carrière.

Le café Le Central n'a rien des Trois-Obus, c'est juste un coin plus calme, sans idoles du PSG accrochées au mur. Anonyme et impersonnel, cet endroit-là. À 19 heures, Luis arrive, serre quelques mains, sourit, l'homme a toujours été à portée de ses supporters. Il commandera une bière sans courir après la deuxième, car il se surveille un peu depuis qu'il grossit à mesure que sa carrière s'effiloche.

Il se sent prêt à retracer tout le parcours qui l'a poussé, un jour, à gratter à la porte d'une certaine gloire. Du PSG au PSG avec quelques rires, des larmes, des lourds silences et des déchaînements verbaux autour. Luis et le PSG, ce ne fut pas toujours un manège enchanté, loin de là.

Son histoire part du bas de l'échelle sociale. Manutentionnaire dans une usine de la région lyonnaise, Luis Fernandez n'avait pas de talent particulier, juste du souffle, des tripes et une ambition. Une sacrée ambition même. Côté allure, avec son corps un peu voûté, ses foulées un peu heurtées il n'était pas un élégant du ballon rond. Qu'importe, Luis était têtu, il le sera toujours.

Après deux essais loupés, l'un à Nancy, l'autre à Lyon, il va tenter le diable dans l'immensité de Paris. Luis n'a pas grand-chose à offrir, il prend un train de nuit, voyage avec l'essentiel de sa vie, un sac et des chaussures.

Arrivé en gare de Lyon et ses pas perdus, à sa sortie un taxi payé par le PSG l'attend pour le déposer au Camp des Loges. C'est le début d'un parcours, presque la fin aussi, si Pierre Alonzo n'avait pas voulu le revoir, persuadé que le voyage et l'angoisse avaient faussé le jugement.

Quand il repasse par le PSG, il n'émeut guère, le gamin s'accroche malgré tout, un Fernandez ne renonce jamais : enrôlé au centre de formation parisien, très rapidement il y partage une chambre avec Jean-Claude Lemoult, autre futur grognard du milieu de terrain.

Ce ne sont pas les années-fric. Le football se vit d'abord sous l'ère passion. Arrivé sous la présidence de Daniel Hechter, Luis lance sa carrière pro le mercredi 11 octobre 1978. Il ne peut oublier : il avait 19 ans depuis neuf jours. Et à cet âge, plus hier qu'aujourd'hui, les rêves restent simples. Ceux de Luis ne vont pas très loin, il court pour se faire un nom, échapper à un destin moyen, voilà tout : « J'ai dû me battre, j'avais des valeurs, il fallait que je réussisse. »

Pour ce premier match en D1, l'enfant des Minguettes (à Vénissieux, banlieue lyonnaise), cité où il grandira, tombe sur Nancy, pas sur Platini absent ce jour-là, et si présent plus tard dans sa carrière et dans sa transfiguration sportive.

Luis ne demande rien, juste une opportunité pour exister. Il n'est rien, il veut devenir quelqu'un par le foot. Grâce au foot.

Pierre Alonzo, son entraîneur-formateur, le place attaquant. Pas de problème, Fernandez comprend très vite qu'il a plus faim que les autres, c'est en lui, cela ne s'apprend pas. Il est rusé, il le sait déjà. À la 89e minute, voilà qu'il tombe, grimace et provoque le penalty qui pousse le PSG à la victoire (2-1). C'est une aubaine pour Carlos Bianchi, buteur increvable, c'est une percée pour le futur chouchou du Parc.

Quelques matches le mettent à la disposition de la réserve, il s'impatiente sans rien dire. En ce temps-là, les jeunes savaient attendre, question d'époque...

## Appelez-le Luis

On le retrouve le 19 octobre 1979 pour son premier but officiel au soir d'un succès facile face à Valenciennes au Parc. Trois ans plus tard, il s'installe en équipe de France, à 23 ans. Il n'a plus à s'impatienter, Fernandez se transforme en Luis, le remonteur des mécaniques, le briseur d'espaces, un héros du fameux carré magique... La suite devient une romance contrariée avec Francis Borelli. Une rencontre de fils et de père séparés, un peu, trop longtemps sûrement quand le statut du petit Luis n'entrait plus dans le maillot du Paris SG.

« C'est le PSG qui m'a poussé vers le Matra Racing (annonce officielle de son départ pour le Matra après le PSG-Monaco du 11 avril 1986, 14 jours plus tard le PSG sera pour la première fois de son histoire champion de France), moi je ne voulais pas partir. Francis et les autres dirigeants, à l'époque, n'avaient pas su, deux ans plus tôt, anticiper la fin de mon contrat. J'avais demandé un renouvellement avec deux ans de plus. J'étais international, je gagnais entre 15 000 (2 285 €) et 18 000 francs (2 745 €). J'étais champion d'Europe des Nations (1984). Je voulais 50 000 francs (7 620 €) et ils n'ont pas suivi. Je souhaitais juste une prolongation avec une augmentation de 50 000 francs jusqu'à 70 000 francs (10 670 €) au fur et à mesure des années. Je suis parti pour dix fois plus : 550 000 francs (83 840 €) comme cela a été écrit. À la fin, le PSG était finalement prêt à me donner 200 000 francs (30 490 €). Mais ils avaient déjà engagé Jules Bocandé, Daniel Xuereb, William Ayache et Vahid Halilhodzic. Ils avaient beaucoup dépensé et trop attendu. S'ils s'étaient alignés sur 350 000 francs (53 355 €), je serais resté au PSG, ils n'ont pas voulu alors je suis parti. Pendant huit ans au PSG, personne ne s'est préoccupé de mon salaire. L'argent, ce n'était pas mon moteur. J'étais capitaine et je ne sentais pas de la considération. Moi, j'ai toujours eu l'âme du PSG. J'ai grandi avec ce club. J'étais de la génération Lemoult, Pilorget, Justier, Brisson. » Une génération pas élégante, mais tellement méritante.

En 2009, vingt-deux ans après, Luis Fernandez, le regard nostalgique, veut s'expliquer, se justifier. Dire sa vérité. Son parcours au Matra Racing l'a flétri quelque peu. Le Luis en ciel et blanc n'a jamais su, n'a jamais pu chasser une ombre : « On sait ce qu'il est advenu du Matra Racing. Ce fut un joli gâchis mais j'ai eu la chance de tomber sur M. Jean-Luc Lagardère. Le reste, ce ne fut rien par rapport au PSG. »

Souvent blessé, trop étriqué dans ce maillot d'entreprise, Fernandez était un joueur perdu, vindicatif, moins impliqué et trop à cran pour avouer ses propres errements. Et quand Luis déraille, il vous menacerait d'interdiction de vestiaire pour rien. Nous l'avons vécu à l'époque où nous suivions ce Matra Racing. En ce temps-là, Luis avait le manque du PSG, mais ce n'était pas des choses à dire. Francis Borelli, lui, ne se remettait pas non plus de cette absence, de ce « fils » émancipé trop vite. Et le président le disait larmoyant et solennel, du pur Borelli.

La conversation se perd sur des longs silences, le regard se voile encore.

Sa première période d'entraîneur au PSG a l'air de le torturer plus encore. C'est à croire qu'il n'a jamais signé la paix avec des souvenirs vécus ou rêvés.

Entre Luis et Michel Denisot, les versions ne sont jamais tout à fait les mêmes. Le président délégué n'a jamais trop digéré les emportements de l'écorché du banc. Luis n'était pas le choix immédiat, Canal + – par la voix de Biétry, bien sûr – força la main, encouragé par la vox populi et l'usure du style Artur Jorge.

« Je suis arrivé sur un effet de communication, il fallait redonner du sourire à ce club, gémit Luis. Je ne m'en suis pas trop mal sorti, je crois. J'entends souvent que Michel Denisot a été formidable, il faut aussi dire qu'il a eu des moyens pendant toutes ces années. Plus que n'importe qui ! Quand j'ai signé, on ne m'a pas dit la vérité, le PSG était interdit de recrutement, je l'ai appris plus tard. Je n'ai pas réalisé ce que je voulais avec le président délégué. Arrivent Jean-Philippe Séchet, Oumar Dieng, partent François Calderaro, Jean-Luc Sassus notamment... Si on m'avait suivi, on pouvait obtenir Christian Karembeu, Roberto Carlos, Laurent Blanc qui jouait à Saint-Étienne... Je n'ai jamais eu carte blanche. Je n'avais pas les pleins pouvoirs sur le plan sportif. Michel Denisot était attaché à certains joueurs, à ses joueurs, Le Guen, Ricardo, Guérin, Valdo... Quand j'ai débarqué, plus personne ne voulait de Raï, je lui ai rendu sa confiance. George Weah, lui, il désirait partir, il est resté, on s'entendait bien. Quant à Daniel Bravo, je l'ai relancé alors qu'il était perdu sur le banc de touche.

J'ai des défauts bien sûr, j'ai commis des erreurs, mais la première année je gagne la Coupe de France et la Coupe de la Ligue et je finis troisième du championnat et atteins les demi-finales de la Ligue des champions. »

## Tout feu, tout flamme

Avec Luis, la sincérité est toujours enflammée. Sa vérité n'est évidemment pas relayée par Jean-Michel Moutier, directeur sportif, homme de confiance de la période Denisot : « On peut tous annoncer une liste de cinquante joueurs et dire ensuite qu'ils ne sont pas venus. Il y avait une réalité sportive et des paris que la direction n'a pas voulu tenter. Ce sont des choix, pas des problèmes de personne. Je ne pense pas que Luis puisse se plaindre de l'équipe mise à sa disposition. Ce n'est pas de ma faute s'il a fini par se fâcher avec nombre de joueurs. Je refuse de polémiquer avec lui, il est plus fort que moi dans ce registre... »

Luis et les stars. Fernandez et la médiatisation de ses artistes, vaste programme. Ginola, Anelka, Ronaldinho... rien n'aura été simple. Le Luis impitoyable existe, il ne pardonne ni n'excuse. Une source le révèle : « Ce type-là est bourré de qualités, c'est un entraîneur d'instinct, dommage qu'il aille trop loin avec certains joueurs. À croire qu'il ne se rappelle plus qu'il n'a pas toujours été irréprochable dans sa carrière. Les blessures qu'il laissait traîner au Matra Racing, il a dû les oublier. »

Le Matra, c'est aussi la rencontre paisible d'une star finissante (Fernandez) et d'un grand espoir du football français (Ginola). Luis le voit arriver, David le regarde partir. Deux carrières, deux itinéraires contradictoires. Puis la valse des mots et des maux est passée par là. Fernandez n'aime plus le style Ginola, David ne supporte plus le tempérament de Luis. Il ne fallait pas espérer un mariage pour le meilleur...

En succédant à Artur Jorge à la tête du PSG (en juillet 1994), Luis Fernandez n'a, en principe, rien contre David Ginola. Il l'intronisera d'ailleurs capitaine, persuadé que le talent de l'ex-Toulonnais mérite toute sa considération.

Convaincu aussi que déposséder Paul Le Guen de son brassard n'offre que des atouts certains. 1. Il marque son territoire. 2. Il prend ses distances avec les années Artur Jorge. 3. Il froisse un des joueurs-cadres symboles de Michel Denisot.

Ainsi, le coach prend sa révolution par le bras, Paris sera à sa mesure. C'est tout du moins son obsession. « J'ai choisi David comme capitaine et pour moi c'était une grande marque de confiance. Un signe de respect. Mais je n'ai pas supporté qu'il me mente. Un jour, il avait des problèmes d'adducteurs, il fallait qu'il se soigne. Au lieu de se comporter en professionnel, il était parti jouer au golf. Je ne pouvais pas l'accepter. »

Selon les souvenirs de l'entraîneur, le début de la crise commence ainsi. Il se sent trahi, il provoque alors une réunion dans le bureau avec, autour de la table, Michel Denisot, lui-même et les deux représentants de David Ginola : Dominique Rocheteau pour la carrière et Olivier Godallier pour le business. L'entraîneur expose ses griefs, Olivier Godallier tient tête, il met même en doute ses qualités de communication et déplore son manque de psychologie. « Je n'ai pas accepté que ce monsieur me donne des leçons. David, je l'ai vu grandir au Matra. Et puis... il est rentré dans un autre monde. J'ai répliqué à ce monsieur qu'il fallait arrêter de vouloir en faire une gravure de mode. »

Dès lors, le fossé se creuse. Fernandez ne supporte plus Ginola, il se croit revenu au bon vieux temps des tacles forcés. Et comme El Magnifico (surnom donné un soir de récital à Santiago Bernabeu contre le Real) ne touchait plus terre, le clash n'eut de cesse de crisper un vestiaire déjà perplexe et nostalgique – pour certains – des années Jorge.

Entre Luis Fernandez et David Ginola, ce ne fut donc plus une partie de plaisir. Mais une cohabitation impossible plombée par les colères et les provocations. Un joueur nous confie d'ailleurs en se référant au Spartak Moscou-PSG, match de la première phase de la Ligue des champions : « J'ai rarement vu des scènes pareilles. Ils se disputaient comme des chiffonniers devant tout le monde et là c'était le summum. On était dans le car après l'entraînement à quelques heures de la rencontre. David avait l'habitude de jouer aux cartes avec Roche et Kombouaré. Le chauffeur du bus avait éteint la lumière sur les recommandations de Luis. Comme David ne pouvait plus jouer aux cartes, il s'est levé, a traversé tout le bus pour demander gentiment au chauffeur de rallumer. Luis l'a regardé et a dit : "Non, on ne remet pas la lumière !" David est devenu fou, il a retraversé le car en hurlant : "Putain, qu'est-ce qu'il est con ce mec ! Je n'ai jamais vu un abruti pareil." »

Le match Spartak Moscou-PSG concrétise la rupture officielle entre l'entraîneur et sa vedette. À la 89e minute, Luis le sort, David supporte mal l'humiliation.

Au Camp des Loges, il y eut d'autres jolies empoignades verbales. Daniel Bravo révèle cette anecdote : « Quand David ratait une tête à l'entraînement, Luis criait : "Eh David, c'est normal, tu as peur de te décoiffer !" Luis n'avait plus aucun recul avec Ginola... »

Comme d'autres, Daniel Bravo s'étonna du risque pris par Luis choisissant Ginola comme capitaine de route. « David avait un énorme talent, mais il n'avait pas le profil d'un capitaine. » Surtout après Le Guen. Surtout après des années de succès collectifs dont le Breton et sa frappe de Pencran n'étaient que le bout d'une chaîne.

Avec cette étoffe transmise à Ginola, Luis provoque la distance et les clans d'un vestiaire pourtant pacifié depuis 1991. Les joueurs-cadres des années Jorge-Denisot (Le Guen bien sûr, Ricardo, Roche, Guérin, Lama) se heurtent à ses excès et se fatiguent de son désir incessant d'éliminer tout ce qui l'avait précédé. Luis Fernandez et Charles Biétry possèdent une hantise en commun : ils rêvaient d'être plus performants que leur prédécesseur. Artur Jorge pour l'un, Michel Denisot pour l'autre.

David Ginola, lui, entendait surtout les trompettes de la renommée. Il s'imaginait au Barça ou au Real, très loin de ce Paris qui finit par lui peser. Adulé ou haï, l'élégant Gino vivait dans son univers, pas toujours simple et compris de tous. Il résidait dans une villa jouxtant celle de Sheila, la chanteuse, à Feucherolles, un village paisible et bourgeois des Yvelines.

Nous l'avions retrouvé avant le quart de finale de Ligue des champions du 15 mars 1995 entre le PSG et le FC Barcelone.

Tranquille, un peu détaché, El Magnifico comptait les jours qui le sépareraient définitivement d'un coach qu'il « avait trop vu ». Et c'était une éternité pour lui. « L'autre (Fernandez), je ne sais pas ce qu'il veut, lâchait-il en substance, mais il en a toujours après moi. Il y a une part de jalousie dans tout ça. Il voudrait que j'arrête tout ce que l'on me propose. Mais je gère ma carrière comme je l'entends. Est-ce que je suis mauvais sur le terrain ? C'est ça qui compte non ! » Non, Ginola n'était pas mauvais sur la pelouse, mais pas toujours digne de son talent.

Pour la suite, le PSG bouclera cette saison par un doublé dans les Coupes de France et de la Ligue (première édition de l'épreuve), une troisième place en championnat et une qualification de demi-finaliste de la Ligue des champions (battu par le Milan AC). À ce rythme, Luis jubile, il n'est pas qu'un simple entraîneur prometteur sorti de l'AS Cannes, il a, à sa manière, marqué de sa forte identité l'après-Jorge. Pourtant, un mauvais air flotte au-dessus d'un Parc des Princes abominable le 31 mai 1995.

Des banderoles racistes et nazies s'invitent dans la tribune Boulogne. En guise de match d'adieu, George Weah peut lire : « Weah, on n'a pas besoin de toi. » La perle du Liberia n'a plus de regrets, il s'éclipse au bon moment.

Pour David Ginola, c'est aussi le chant du départ. Il n'aura tenu qu'une saison sous le règne au pas cadencé de Luis Fernandez.

Ainsi, deux idoles du Parc s'éloignent, l'une en Italie (au Milan AC), l'autre en Angleterre (à Newcastle alors qu'il était annoncé au FC Barcelone). Et une grande gueule du foot régente de plus en plus le vestiaire, Luis voit partir des joueurs « historiques » de la période Jorge (Valdo, Ricardo, Kombouaré), d'autres résistent encore (Le Guen, Roche, Lama, Guérin).

## L'intermède Noah

La saison 1995-1996 reste bien sûr valorisée par le titre européen en Coupe des Coupes. Évidemment. Inévitablement. Elle souligne surtout la déliquescence évidente des liens entre l'entraîneur et ses joueurs. Même les pro-Luis ne le comprennent plus. Daniel Bravo se retient un peu, gêné d'égratigner son sauveur de carrière : « C'est vrai que Luis a eu du mal à clôturer sa dernière saison. J'entendais des joueurs qui parlaient beaucoup. Ils disaient qu'il n'était plus l'homme de la situation. C'est dommage que cela ait fini comme ça. Quand Yannick Noah est arrivé pour aider dans la préparation à la finale contre le Rapid de Vienne, cela signifiait que Michel Denisot n'avait plus confiance en Luis. C'est en tout cas comme cela que nous l'avons ressenti. »

L'ex-Petit Prince n'en dira pas plus. Il feint d'avoir oublié que Luis l'avait plus ou moins obligé à reprendre l'entraînement avant qu'il finisse de se guérir complètement d'une pubalgie. Sur le coup, Daniel Bravo lui en a voulu de croire qu'il avait des ennemis partout. Il lui en voudra aussi d'avoir un peu cassé la machine en instituant un stage hivernal à Saint-Quentin-en-Yvelines, près du domicile des joueurs : « Fatalement, reprend Bravo, c'était plus dur d'avoir la tête à ce stage alors que l'on n'était pas très loin de nos familles. Luis avait peur que l'on attrape la grosse tête. Les rapports avec l'équipe se sont détériorés à partir de ce moment. »

Fernandez a une incommensurable envie d'être champion de France, alors il blinde la préparation. Dans la coulisse, ses rapports avec Canal se glacent à mesure que des joueurs « historiques » défilent pour se plaindre. Il ne supporte plus Denisot et le président délégué le lui rend bien.

De plus, le coach s'imagine que les murs ont des oreilles. Il ne respire plus, se braque à la vue de Jean-Michel Moutier (l'intéressé confirme) quand l'homme de confiance, directeur sportif, exerce son métier en se rendant au Camp des Loges. Bref, le Luis parano bout de l'intérieur. « Les jeux étaient pipés d'avance, soupire-t-il. Je n'invente rien. J'étais constamment surveillé, épié par des joueurs qui répétaient tout à Michel Denisot et Jean-Michel Moutier. Je n'ai pas besoin de les citer, c'étaient ceux qui avaient évolué ensemble du temps d'Artur Jorge (Luis évoque donc Guérin, Roche, Le Guen, Fournier). Je me suis défendu comme j'ai pu. Ensuite, Michel Denisot savait que j'allais partir. Comme il est malin, il a cru qu'en m'imposant Yannick Noah pour la préparation de la finale de Coupe des Coupes, j'allais commettre une erreur. C'était aussi habile pour supposer qu'en cas de victoire c'était grâce à Noah et pas à Fernandez. Je suis désolé, il n'y avait pas de problème pour moi. Comme Noah n'intervenait pas dans mes prérogatives – et cela a été le cas – tout allait bien. Il n'a participé à aucun entraînement, ni à la moindre causerie. Et mon bilan de 1994 à 1995 à la tête du PSG n'est pas honteux, je crois. »

Les faits ne lui donnent pas tort. Ils occultent encore moins la cassure du mois de décembre 1995. À cette fameuse trêve hivernale évoquée par Bravo, le PSG fonce vers le titre de champion de France. Qui peut lui résister ? Auxerre est déjà à 6 points, Lens à 10. « Ne pas avoir été champion de France cette saison-là, ce fut une faute professionnelle, déplore l'ex-idole de Nice. Mais je vous l'ai dit : après le stage à Saint-Quentin, quelque chose avait changé. »

Luis en était averti depuis le Matra Racing : les stages cassent les ambiances. Paris glisse alors vers le néant, multiplie le chaos et les soirées perdues. Six journées après la reprise, l'équipe n'a arraché qu'une seule victoire et a basculé dans le pitoyable au Parc contre Montpellier (défaite 2-3) et lors d'une élimination sans gloire contre Auxerre en Coupe de France (3-1).

Au printemps, la cause est entendue : Luis Fernandez ne peut pas survivre dans ce Paris de toutes les agonies. « J'ai préféré partir, lâche-t-il, je n'aime pas être remercié. »

Le bonhomme agit souvent ainsi. Il anticipe pour s'éviter qu'un président, délégué ou pas, siffle son arrêt de jeu. De Denisot à Perpère, Luis n'a pas attendu le coup de sifflet, il est parti avant d'être remercié. Question d'orgueil.

L'homme est attachant, évidemment. Même s'il réécrit l'histoire sans s'excuser de ses excès. « Moi je fonctionne à l'instinct. Cela ne plaît pas toujours, tant pis. Je ne triche pas, je suis honnête. Je voulais réussir au PSG. Juste réussir. » Il n'avait pas complètement gagné, ni totalement perdu la partie entre 1994 et 1995…

On ne pourra pas en dire autant de son retour en 2000. Cette fois, Luis n'a pas de trophée à montrer, juste une conviction : « Je suis revenu sur la volonté profonde de

Pierre Lescure. Et ne croyez pas qu'entre le patron de Canal + et Michel Denisot c'était le grand amour à cette époque-là. Le PSG avait tiré un trait sur beaucoup de choses, il était dirigé par Laurent Perpère que je ne connaissais pas. Il y avait une constance pourtant : cela restait un club où il valait mieux avoir des appuis solides. J'ai longtemps bénéficié de la protection de M. Jean-Luc Lagardère. Une ou deux fois entre 1994 et 1995, il a arrangé les affaires malgré mes problèmes avec Denisot. Personne n'osait trop me toucher, j'étais protégé comme on dit. »

Jean-Luc Lagardère, ex-patron du Matra Racing, grand capitaine d'industrie, pesait d'une influence certaine par son actionnariat auprès de Canal. Quand il décède le 14 mars 2003, Luis est effondré. Quarante-huit heures auparavant, il venait d'annoncer officiellement qu'il ne serait plus l'entraîneur du PSG. C'est dans un long entretien accordé au *Parisien* (l'interview aura été réalisée après le match du 22 février à Guingamp) où il dresse un portrait autocritique de son retour au club, qu'il rend les armes non sans avoir attendu une symbolique victoire, nette et sans bavure, face à l'OM au Stade Vélodrome (3-0, 9 mars 2003) pour autoriser la parution.

Luis a toujours eu l'art de concilier les calendriers. Un de ses proches raconte : « Il avait déjà décidé depuis un certain temps, il ne supportait plus Perpère. Il a bien compris qu'il y avait une moitié de l'équipe contre lui, l'autre le soutenait plus mollement. C'est vrai que le succès à Marseille était propice... »

## Ronaldinho, le non-retour

Plus que les conflits avec Anelka, c'est avec Ronaldinho qu'il y eut un vrai point de non-retour. Le divorce se précise au retour de la Coupe du monde 2002 et du sacre brésilien. Ronaldinho est d'une autre dimension, de celle qui agace tous les coaches du monde si elle froisse le collectif. Et Luis plus qu'un autre sûrement.

De plus, le virtuose n'est pas très fan des séances entraînement à moins qu'elles ne s'accomplissent sur fond de plage brésilienne avec vue sur de jolies filles. Bref, l'artiste dribble tout ce qui bouge dans la vie, même les entraîneurs. Surtout un entraîneur français que certains de ses compatriotes ne portent pas spécialement dans leur cœur.

Bien avant ses incartades au Barça, Ronaldinho s'amuse à sa manière, à Paris. Une étoile dans la ville-lumière. Un fêtard jamais rassasié. Bien plus encore que David Ginola, il divise forcément et pousse le vestiaire à la crispation. Le champion du monde trie ses matches (souvent contre l'OM où sa technique fait le reste), sourit avec une certaine désinvolture comme s'il se fichait bien des regards perdus d'un coach irrité.

Ronnie n'est pas sot. Il vaut de l'or, Paris est à ses pieds. Perpère, comme tout le monde, le sait : sauf que dans son rôle de président délégué, il ne peut déjuger son entraîneur. Pourtant il déclare, le 3 décembre 2002, que le Brésilien « est l'actif n° 1 du club », ce qui sous-entend qu'il est plus utile que Luis Fernandez. Rien de tel pour plomber une équipe.

PDG de Canal depuis le 16 avril 2002 – après que Jean-Marie Messier eut débarqué Pierre Lescure –, Xavier Couture comprend vite la nécessité de rectifier le tir, il en va de la crédibilité du club. Neuf jours après Laurent Perpère, l'éphémère boss de Canal (jusqu'à février 2003) conforte Luis Fernandez dans sa fonction, la logique d'entreprise a repris ses droits. « Il y avait enfin quelqu'un, ajoute Luis, qui avait compris qu'il fallait protéger l'équipe. Accepter les écarts de Ronaldinho, c'était impossible à gérer vis-à-vis des autres. Je n'ai pas voulu aller complètement au clash, alors je suis parti. C'est ce qu'il y avait de mieux à faire. »

En décembre 2002, Luis joue donc tous les rôles. À la fois bateleur, manager, garde-chiourme, porte-parole du

Parc (il accordera plus de légitimité à la tribune Boulogne qu'à celle d'Auteuil), imprésario de sa propre cause, il valse d'un registre à l'autre sans trop dissimuler les crises existentielles qui étouffent son vestiaire.

Dans le livre officiel du PSG, une photo illustre parfaitement la vie de Luis, rebelle à une certaine autorité et jamais à son aise quand l'administratif se rapproche de lui. Il est seul sur la droite et jette un regard déjà gêné vers Jean-Luc Lamarche, le directeur sportif, et Laurent Perpère. La distance est voulue et bien accentuée.

Pour préserver son pré carré, le coach a l'air plutôt satisfait que ce banc de touche ressemble sur la photo à une sorte de balance où deux hommes de l'administratif sont nécessaires pour faire le poids avec lui.

En vérité, entre 2000 et 2003, Luis n'aura rien gagné avec son PSG. On le créditera de bonnes trouvailles (Arteta, Pochettino, Heinze) pour donner une âme à un PSG en mal de guerriers, et c'est presque tout. Le reste ne sera qu'une litanie de plaintes et de colères étalées çà et là dans la presse. À mesure que la saison 2002-2003 tire à sa fin, Luis Fernandez reparle de son ennemi préféré, Michel Denisot, qu'il accuse d'être encore le chef d'orchestre de sa disgrâce mise en musique en coulisses sur un son strident. Dans sa course à la reconnaissance – à la vraie crédibilité – Fernandez a donc perdu son Paris. Une dernière illusion en Coupe de France face à Auxerre le ramène à une triste réalité : Luis n'était plus adapté pour ce PSG-là, l'inverse est aussi vrai.

Au Central, il est plus de 20 heures quand un enfant chéri du Parc se lève soulagé d'avoir refait le monde. Sur la route, au moment de se serrer la main, il parle de la tentative de reprise de Michel Moulin, un type encore plus pressé que lui. « S'il avait réalisé les choses calmement, il y avait moyen peut-être de revenir. Il a agi complètement à l'envers. Au PSG, il n'est jamais bon de brusquer les événements. » Un journaliste nous avouera : « Michel Moulin répétait sans cesse qu'il ne fallait pas l'associer à Luis Fernandez, il avait peur de braquer certaines personnes au PSG. »

À l'arrivée, Michel Moulin s'est borné à une pige de conseiller sportif (en fin de saison 2007-2008) peu conventionnel. À l'arrivée encore, le club s'est livré à d'autres hommes. À l'arrivée, enfin, Luis Fernandez se promène toujours avec la certitude de revenir un beau jour, là où tout a réellement commencé du Camp des Loges au Parc des Princes. Ses envies ne sont pas toujours très rationnelles. Il le sait et s'en moque. Au fond, il n'a jamais digéré ses relations tumultueuses avec la tentaculaire Canal +.

« C'est un bon mec, Luis, même s'il est un peu écorché vif parfois, avoue Alim Ben Mabrouk, coéquipier du Matra et ami d'enfance. Il a toujours eu besoin de se prouver quelque chose. J'espère que son histoire avec le PSG se terminera bien. Un jour. » Un de ces jours, peut-être. « Quand on se croise parfois, on se salue, reconnaît Jean-Michel Moutier. On n'a pas la même philosophie du foot. Avec Luis, ou vous êtes de sa bande ou vous êtes un ennemi. Une fois qu'il a sa vérité, c'est difficile pour lui d'admettre le contraire. »

Depuis la succession d'Artur Jorge, les années ont passé pour Luis, quelques titres prennent un peu de poussière. Quelques destins se retrouvent parfois. Et, dans l'univers si impitoyable dans lequel vit le PSG, Fernandez continue de vouloir emporter le public avec lui. Il s'en est servi de son public, à tort et à raison. Il a même fini par le pousser à siffler Ronaldinho, un soir de triste match. Il a même cru que la démocratie en foot passerait par le vote du public. S'il fallait le virer, autant que cela se fasse depuis les tribunes !

Luis a toujours couru après sa liberté sans pour autant vivre autrement que dans le schéma classique du bon père de famille, stable dans sa vie privée et donc moins fragilisé par les artifices de l'existence : « Je me suis retrouvé avec un Ronaldinho complètement seul à Paris, livré à lui-même. C'était de la responsabilité de Canal d'éviter cela. Je ne suis pas hermétique aux stars. Je m'entendais très bien avec George Weah. Avec Anelka, je tiens encore à dire que cela se passait très bien avant qu'il ne veuille prendre le pouvoir avec Luccin et Dalmat. » Il ne parlera pas de Ginola, c'est un peu voulu...

Sur le trottoir qui mène à son domicile, il s'attarde encore et encore, plus que les amabilités d'usage d'après rendez-vous. Comme s'il fallait toujours prolonger ses bouts de vie chahutés avec son PSG. On lui souhaite de bonnes fêtes, il nous évoque le Stade de Reims et sa bonne cuvée d'histoire. Il y signera la veille de Noël, cinq ans et demi après son départ de Paris-la-dévoreuse, dix-huit mois après avoir entraîné le Betis Séville et vécu quelques exils exotiques (Al-Rayyan au Qatar, Le Betar à Jérusalem).

« Je reviendrai au PSG, je ne sais pas quand mais je reviendrai. Je n'y ai pas terminé mon histoire. J'ai compris beaucoup de choses. » Relié par son émission sur RMC aux aspérités du foot, il ne croit pas à son crépuscule.

Est-ce possible de vivre autrement pour un enfant des Minguettes ?

Et que faudrait-il s'imaginer s'il avait cessé de croire en son éternel Paris ?

# 14

# Le jour où un proche de Poutine voulait racheter tout le PSG

## *Un dîner sans agapes*

Un dîner qui ne sert pas à grand-chose. En ce 6 mai 2003, Francis Graille parle avec une star du football qui a déjà la tête ailleurs. À leurs côtés, Roberto Assis, le frère de Ronaldinho, n'est pas là pour amuser la galerie. Le contrat qu'il possède ne se négocie pas. Le fantasque Ronnie est tranquille, il est passé par Paris, a pris du bon temps, sorti quelques exploits. Nulle entorse aux écrits, c'était le deal. Le petit génie n'a pas trop triché – enfin pas exagérément –, il a juste rempli les conditions. Il n'a même pas eu peur de la durée (cinq ans) qui le liait à Paris, il savait fort bien que les clauses le libéreraient facilement au bout de deux saisons.

Autour de la table, Francis Graille, officieusement successeur de Laurent Perpère, doit sans doute se lasser d'une négociation inutile. Tout ce petit monde sait trop bien que la discussion tient à amuser la galerie. Ronaldinho doit partir, c'est écrit, il n'était venu qu'en transit de carrière, le PSG avait le bon profil, voilà tout. Ni trop petit ni trop grand, ce PSG. Et pour arracher le virtuose à un parterre de clubs prestigieux, Paris s'est mis à genoux.

Repéré par Jean-Luc Lamarche, à l'époque directeur sportif, le jeune Ronnie n'a qu'une perception très réductrice du PSG. On lui parle de la tour Eiffel, des lumières de la ville, des jolies danseuses, des plaisirs incessants, cela paraît le satisfaire.

En coulisses, sa famille blinde le contrat et contribue à optimiser le tiroir-caisse.

*Le Parisien* révélera, en mars 2005, les dessous et les méandres financiers d'un transfert aussi insaisissable que ses dribbles chaloupés. Le PSG verse 4 millions d'euros (3,8 millions d'euros en vérité), autrement dit des nèfles pour pareil talent. À vrai dire, il ne s'agit pas tout à fait d'un transfert mais d'une indemnité de formation au bénéfice de Gremio Alegre. À laquelle il a fallu ajouter le rachat des droits d'image et de publicité (19,7 millions d'euros), la prime à la signature (2 millions d'euros) et bien entendu vingt-quatre mois de salaires à 100 000 euros net par mois. À l'arrivée, Ronaldinho aura coûté près de 28 millions d'euros et aura été revendu 30 millions au FC Barcelone (alors qu'il devait initialement signer pour Manchester United). L'affaire est déjà moins juteuse.

Francis Graille joue donc la montre dans ce dîner de circonstance. Dans ses déclarations, Bertrand Méheut, en bon président de Canal +, ment comme nulle part ailleurs. Bien obligé, question d'image. Il soutient que la star ne partira pas (le 26 avril 2003 dans *L'Équipe*), c'est une posture, même pas une envie. Graille, Méheut… tout le monde sait que le dîner du 6 mai ne débouchera évidemment sur rien.

Paris court après les liquidités et tente comme il peut d'éponger des dettes qui s'élèvent à plus de 200 millions d'euros.

Un salarié du club, présent depuis 1998, dévoile la face cachée d'un désordre général : « Quand il a débarqué au club, Francis Graille a vite découvert l'étendue du désastre. Sur le plan administratif, il n'y avait plus de rigueur depuis longtemps. Je peux vous affirmer que beaucoup de papiers, de documents ont fini dans la broyeuse. À l'époque Perpère-Fernandez, c'était un grand bazar. Les joueurs se fichaient de tout. On leur payait tout. Un responsable du club avait le carnet de chèques et il réglait les notes. Tout le monde a additionné des déficits, le PSG était devenu une vache à lait. Je peux même vous dire que nous avions constitué une cave avec des vins fabuleux. Les voitures prêtées aux joueurs et aux entraîneurs par le sponsor ont la plupart été rendues dans un sale état. Celle de Luis, notamment, nécessitait plusieurs milliers d'euros de réparations. Je ne suis pas certain qu'il les ait payées. »

Un administratif de Canal + évoque même des millions d'euros perdus bêtement dans 75 palettes de matériels invendus (maillots, porte-clés.). Le merchandising externalisé s'était révélé un désastre avec des surstocks et des produits obsolètes. Peu importe : tout le monde use de ses pouvoirs ou de ses réseaux pour se servir... Le PSG paie et s'enfonce dans la gabegie.

Francis Graille, que nous avons contacté, n'a pas voulu s'exprimer pour confirmer ou non ce singulier état des lieux. Il évoquera juste les déséquilibres de l'existence une fois que l'on est passé par le PSG.

Mais que dire sur Francis Graille sans parler de coach Vahid ? Qu'il n'avait jamais pensé au PSG en se rasant le matin. Forcément, il n'y songeait même pas.

Dans les faits, il sera le premier président extérieur à Canal +. Il n'est ni journaliste sportif, ni administrateur et encore moins directeur financier quand il est finalement choisi pour succéder à Laurent Perpère.

Originaire de Haute-Loire, étudiant à l'École normale, il ne finit pas instituteur, il opte pour le journalisme de télévision, puis se lance dans la production d'événements sportifs à travers deux sociétés dont il est le patron, Concept TV d'abord, Visual TV ensuite. Petit à petit, il développe ses entrées à TF1 et Canal +, se constitue un carnet d'adresses empli de personnalités du foot. Le destin achève le reste, les rencontres, le début d'une histoire.

Avec Luc Dayan, un ami à l'époque, il devient propriétaire associé du LOSC. Face à un consortium de PME de la région, Dayan et Graille gagnent la partie. La mairie les trouve financièrement forts de leur apport de 5 millions d'euros pour le recrutement et de 15 millions de garantie bancaire pour assumer le budget général. Luc Dayan est le premier président en mars 2000 et laisse la place à Graille un an plus tard.

En deux ans, le club lillois passera de la Ligue 2 à un ticket d'entrée pour la Ligue des champions. Le succès se confirme, les querelles se devinent.

Graille se fâche avec Dayan qui se brouille aussi avec Halilhodzic, l'entraîneur. Et comme le dicton l'atteste : les ennemis de vos ennemis sont vos amis. Graille devient donc l'ami de coach Vahid. La belle histoire peut s'écrire, le coach bosniaque est déjà un dur au mal doublé d'un rigoriste de la discipline. Graille lui accorde sa confiance par goût et aussi par manque de temps. Déjà ! Peu à peu, Dayan et lui se fâchent pour de bon, le premier déçoit le second qui se décide à vendre ses parts en 2002 (à Michel Seydoux, l'actuel président du LOSC).

Le football, Francis Graille en aurait donc fait le tour. Surtout que ce football-là le contraint à divorcer en raison d'une vie perdue dans les grandes distances et les horaires impossibles.

Durant cette période, en effet, Francis Graille vit à Lyon, bosse à Paris et gère le LOSC à Lille. Encore heureux qu'il n'ait pas un hobby en Alsace…

## Denisot en coulisses

Le foot l'a donc peu à peu usé et essoré. Mais le foot c'est un virus qui réapparaît sans cesse une fois que l'on s'en guérit. Il va revenir par deux vagues successives. La première le pousse à établir un audit pour la reprise de l'AS Saint-Étienne, il sera près de s'y engager. La seconde démarre par un coup de fil de Michel Denisot mandaté par Bertrand Méheut pour l'inciter à devenir président du PSG.

Car Denisot n'aime pas Laurent Perpère à qui il reproche de le tenir trop éloigné des affaires du club.

Le présentateur du *Grand Journal* a par ailleurs bien nagé dans les dédales d'une chaîne qui vit sa révolution. La mise à l'écart de Pierre Lescure, l'emblématique patron, et le tour de vis de Vivendi, la maison mère, n'ont épargné personne. Tout le monde a plus ou moins trinqué, sauf Denisot. Les changements ne le démodent pas, les successions l'épargnent. Une source confie : « Michel a tout tenté pour convaincre Graille. Ce dernier n'était pas très emballé. Il savait qu'être président du PSG, c'était une tâche périlleuse. Il a demandé des garanties. Il exigeait d'être un propriétaire actionnaire, mais pas majoritaire. Il n'avait pas les moyens d'acheter la totalité. Il voulait aussi une vraie séparation entre Canal + et le PSG. Il aurait pu demander d'être servi au petit déjeuner, il aurait eu gain de cause. Bertrand Méheut n'avait qu'une envie : vendre. »

Ce qui n'est pas dit, c'est que Francis Graille est aussi inquiet des inconstances et de l'opacité parisienne que de l'image désastreuse de quelques supporters incontrôlables et racistes. L'ex-patron du LOSC, cosmopolite dans l'âme, cède. Rien n'est rationnel dans ces situations. La raison ne résiste plus quand le cœur oblige à foncer...

Le PSG de cette période, c'est un marigot dans lequel s'agitent un actionnaire majoritaire de plus en plus désactivé et des dirigeants « historiques » chatouilleux et sensibles sur les décisions stratégiques.

Un peu d'histoire n'est pas superflu pour comprendre la politique des uns et les vexations des autres. Quand, au début 1991, Bernard Brochand a pour mission de trouver un repreneur pour un PSG exsangue, il est associé à Charles Talar et Alain Cayzac. Ensemble, ils rédigent même un document baptisé pompeusement Grand projet. Canal + rachète le club (Silvio Berlusconi était aussi prêt à le reprendre, mais il s'est heurté au veto de la Mairie de Paris). Brochand est président de l'association du PSG, Charles Talar en est le vice-président.

Depuis, le trio s'est considéré comme un gardien du temple légitime parce qu'historique dans la survie du club. Un salarié de Canal + révèle : « Les "historiques" ont très mal pris l'arrivée de Francis Graille. Ils n'avaient rien contre lui, mais supportaient mal de ne pas avoir été consultés. Ils se sont senti trahis et débordés par Michel Denisot qu'ils ont accusé de rouler pour son propre compte. Ces dirigeants historiques gravitent depuis toujours autour du PSG. Ils n'hésitent pas à savonner la planche. Ils pensent que le PSG leur appartient de fait. Pour eux, les patrons du PSG ne sont que des météorites. Malgré tout, ce sont des amoureux du club. Mais cet amour les accule parfois à agir n'importe comment. Ils se prennent pour la mémoire, les dépositaires d'un esprit. »

Dans le cadre du désengagement programmé de Canal +, les « historiques » s'empressent de revendre leurs actions. En juillet 2004, Brochand et Talar se délestent de leurs parts qui représentaient 8 % environ. Cayzac, qui en détient près de 2 %, en fera de même un an plus tard. « Ils ont la passion du PSG, certes, mais cela ne les a pas empêchés de réaliser une belle affaire. D'après mes infos, reprend notre source, Talar qui avait investi 30 000 francs a récupéré près de 3 millions d'euros, Cayzac lui a pris 1,5 million d'euros. Ils ne représentent plus rien a priori mais s'accrochent à leurs prérogatives. »

Administrateurs, membres ou censeur du conseil d'administration, président de l'association (Simon Tahar, le frère de Charles Talar l'est actuellement), ces dirigeants « historiques » participent à toutes les batailles. Entre eux, point de querelles même si les ambitions divergent selon la redistribution des rôles au sein du PSG.

Ainsi, Alain Cayzac affichera longtemps sa défiance envers Francis Graille avant de le rejoindre pour ficeler un projet de reprise. Car le temps presse, Canal +, filiale de Vivendi, s'active pour se libérer de l'image et du passif du PSG. Pour convaincre Francis Graille, Bertrand Méheut n'était plus trop regardant sur la manière. Il accepta toutes les conditions et ne tiqua même pas quand l'ex-président du LOSC n'ambitionnait qu'un rôle d'actionnaire minoritaire. Canal voulait vendre et était prêt à se retirer pour 26 millions d'euros pourvu que le PSG lui soit ôté de sa vue.

Problème : Francis Graille a de l'argent, mais ni la totalité ni l'envie de tout racheter. Canal + en convient, la saison 2003-2004 se ponctue par des échanges et des rendez-vous.

En mai 2004, Francis Graille croit toujours reprendre 17 % et avec les 17 % d'Alain Cayzac, il espère posséder une minorité de blocage. C'est oublier un peu vite qu'au-dessus de Canal, existe Vivendi qui n'accepte plus une vente du PSG à 26 millions d'euros.

Dans l'entourage de Francis Graille, un proche nous l'expliquera : « On a fait passer Francis Graille pour un repreneur, c'est évidemment n'importe quoi. Il n'avait pas du tout les moyens de racheter. Dans son esprit, il gérait le club, devenait actionnaire minoritaire et il revenait à Canal la mission d'assurer le montage financier. Dans la pratique, il a été débarqué parce que des gars du service vente et acquisition chez Vivendi ont revu tous les prix. Ils sont passés des 26 millions d'euros à 70 millions, voire 90 millions. Ce n'était plus la même histoire. »

Déjà torpillé par la parano peu ordinaire de Vahid Halilhodzic, Graille perd pied. Il croit avoir nettoyé les écuries en rognant sur les dépenses et en s'attaquant de près à des passifs structurels, il découvre qu'il a surtout été choisi pour assumer le sale boulot avant la revente.

Les chiffres ont donc changé. Graille ne décolère pas, Bertrand Méheut espère trouver un compromis. Si le président délégué monte jusqu'à 50 %, il lui serait possible de calmer Vivendi. Le patron de Canal + suggère même de combler les manques en les inscrivant dans les comptes courants du club. Le PSG rembourserait donc au fur et à mesure l'argent qui manque pour monter à 50 %. Autrement dit, une dette de plus à laisser filer.

## Gazprom s'invite

Dans cette période de négociations, le passif du club s'élève à 18 millions d'euros, il devient plus ou moins attractif. Il l'avait déjà été dès les premières semaines de l'ère Graille, après juin 2003, pour un magnat russe conquis par l'idée de jouer les Abramovitch au PSG.

Le candidat à la reprise s'appelait Gazprom, le géant gazier russe. Son patron, Alexeï Miller, oligarque de confession Poutine, est milliardaire à souhait, tout aussi puissant et richissime que le célèbre patron de Chelsea. De l'argent russe en profusion pour la capitale.

Des émissaires de Gazprom nouent les premiers contacts, ils discutent avec Francis Graille, puis avec Bertrand Méheut.

Le président du PSG et celui de Canal + s'étonnent et s'inquiètent. Le président délégué sent qu'un rachat global le condamnerait de facto. Méheut ? Il joue la montre et aurait, selon nos sources, attendu que l'offre devienne consistante. Elle le sera quand Alexeï Miller en personne se déplacera.

L'oligarque a peu de temps, il attend l'annonce d'un prix de vente sans trop sourciller. Il évoque même une partie de sa stratégie qui consisterait à faciliter une desserte depuis l'aéroport du Bourget afin de régaler toute l'oligarchie russe. Elle aurait une vue sur Paris et un club de foot pour se montrer.

Le boss de Canal + évite de parler de chiffres, de peur que l'oligarque crie banco. Mais le club ne passera pas sous pavillon russe suite au veto de la Mairie de Paris hermétique à l'entrée d'investissements russes, a fortiori pour une reprise totale.

Le PSG ne sera pas non plus vendu à un riche entrepreneur italien, roi du complément alimentaire, un dénommé Marco Pacchioni (il aurait revendu son entreprise pour près de 200 millions d'euros à Unilever, le géant des produits de consommation courante) présent dans le tour de table (on évoquera aussi la participation de 123 Multimédia, un fournisseur de contenus) de Francis Graille. L'ambitieux Marco ne convainc ni les dirigeants historiques et encore moins Michel Denisot déjà opposé à ses vues sur la cérémonie des César.

Pour Francis Graille, l'évidence tombe : il n'est plus en mesure de se maintenir. Canal + ne veut plus lui vendre des parts, mais vendre tout court. Débarqué le 2 mai 2005, il avouera dans *Libération* : « (...) En arrivant, j'avais dit que si je ne rentrais pas dans le capital, mon engagement n'avait pas de raison d'être. J'estime qu'être président d'un tel club sans en être actionnaire, donc sans avoir un minimum de pouvoir, n'avait pas beaucoup de sens (...). Quand je suis arrivé, le PSG invitait 3 800 personnes au Parc des Princes, il n'en reste qu'une dizaine (...). Lille est un club normal alors que le PSG a un environnement totalement anormal, surdimensionné. »

Si anormal qu'il est capable de nommer un président le temps d'une nuit de décembre 1998. Pierre Lescure intronise en effet Pierre Blayau avant de se raviser et de lui préférer Laurent Perpère au petit matin. À Canal +, il y a (presque) toujours eu une permanence dans les destitutions : un président évincé apprend la nouvelle à la lecture du *Parisien* ou de *L'Équipe*, rarement dans un bureau face à ses patrons. C'est l'usage.

Si anormal, encore, que Luis Fernandez au moment de « négocier » sa démission, en 2003, cette fois dans le bureau de Graille, avouera à juste titre posséder deux contrats. Un CDD d'entraîneur et un CDI de manager. Sa démission concerne le CDD, pas le CDI. Après quelques palabres tout s'arrange, Luis percevra trois mois d'indemnités.

Si anormal, enfin, que deux joueurs profitèrent d'une dizaine de minutes de battement lors d'un entraînement au Camp des Loges sous l'ère Bergeroo pour – en short et en crampons – se mettre d'accord sur le prix de vente de la Porsche de l'un à l'autre.

Contacté plusieurs fois, Francis Graille a accepté de parler des cicatrices laissées par le PSG, pas du fonctionnement du club pendant sa présidence. C'était une condition non négociable. Voici ce qu'il nous a confié : « Quand on n'est plus président du PSG, on est forcément meurtri sur le coup. Mais, honnêtement, c'est un soulagement. Cette fonction ne m'a pas rendu fou, j'ai tout de même les pieds sur terre. On peut devenir fou tout de même. Vous savez, vous vivez dans une considérable exposition. Vous n'y allez pas seul dans cette histoire. Vos proches sont aussi touchés quand votre nom est jeté en pâture. Je pense aux gamins, notamment. Finalement, on finit par aimer ce club beaucoup plus quand on n'y est plus que quand on y est.

« J'ai vécu à 150 % pour le Paris SG. Physiquement, j'en suis sorti atteint. J'ai eu du mal à m'en remettre. »

D'un dîner sans agapes avec Ronaldinho à une présidence sans pouvoir, Francis Graille aura réajusté les comptes, coupé des têtes, rationalisé certains postes, diminué l'endettement de moitié mais jamais réussi à se faire entendre. Canal + ne s'est jamais réellement installé à la table des négociations.

Enfin, plus à 26 millions d'euros. Enfin, pas encore...

# 15

# Le jour où Pierre Blayau rêve d'être le caïd du championnat

## *Les facéties du destin*

Il n'a jamais été le plus expansif, c'est comme ça, c'est dans sa nature. Pourtant, il est passé presque partout. À Lyon, à Saint-Étienne, à Marseille, à Paris, à Bordeaux pour les clubs médiatiques. À Bastia pour le folklore local. Non, vraiment Laurent Fournier n'a jamais été le plus volubile de la bande. Le fort en gueule, ce n'était pas lui. Discret, pro, solidaire, collectif, voilà en raccourci les qualificatifs qui collent à sa carrière. Fournier aura traversé les belles heures du PSG et les particularismes de l'OM juste une saison (1990-1991), celle d'une finale perdue à Bari. Dans le registre des éléments essentiels à Artur Jorge de la bonne période, il tenait une bonne place, une très belle place même. Il faut dire que le garçon n'a jamais rué dans les brancards. Même quand il fallut se plier à un transfert-troc dans lequel il arrivait de l'OM avec Bruno Germain, Bernard Pardo dans un même lot contre le seul Jocelyn Angloma.

Paris se fabriquait, il lui fallait un certain volume de joueurs. Alors Fournier ballotté, certes, n'a rien dit. Que pouvait-il dire ? Tapie était si fort...

Inévitablement, évoquer Fournier c'est faire référence à Le Guen, Guérin, Roche. Pas tous amis mais élevés une poignée de saisons au culte des succès. De tous, Laurent Fournier aura été le plus bourlingueur. Sa trajectoire se résume ainsi : six saisons au PSG précédées d'une à l'OM et entrecoupées d'une autre à Bordeaux. À Paris, les grands souvenirs, à Marseille et Bordeaux les aléas du foot.

Fournier donc. Au crépuscule de sa carrière conclue à Bastia, le destin s'arrange pour le propulser sur le banc de touche. Il est devenu entraîneur par la force des choses, est rapidement éjecté par l'évidence de l'échec. Le natif de Lyon a plus ou moins compris. Il ne sera plus entraîneur, ou tout du moins pas d'une équipe pro. Enfin, plus ainsi. Instinctivement, par réflexe sans doute, il se noie dans l'anonymat et va porter la bonne parole à des jeunes à Feucherolles, du côté des Yvelines.

L'homme n'est pas médiatique, il ne l'a jamais été. L'amitié, en revanche, c'est l'essence même de sa vie. Car Laurent Fournier n'a jamais trahi personne.

Après quelques tours de piste en qualité de coach à Pacy-sur-Eure, le voilà sollicité pour s'occuper de la réserve du PSG. Il accepte sans s'imaginer autre chose.

La L1 lui paraît si loin, si traumatisante, si injuste. Ce n'est pas une aubaine pour lui, c'est une chance pour le club. À l'époque où coach Vahid s'étripe avec la moitié de l'équipe, Fournier, lui, prépare la relève et tente de préserver son petit coin de ciel bleu à des années-lumière de la pétaudière.

Lolo, diminutif qui lui sied bien, n'échafaude rien quand Francis Graille le sonde en début d'année 2005. Il n'aime pas les successions d'entraîneur, surtout s'ils sont ses amis. Halilhodzic n'étant ni son ami ni son ennemi, il est donc plus libre. Il le sera moins durant la saison 2007-2008 quand il était question de remplacer un Le Guen au fond du trou, il ne le dira qu'il y a quelques mois.

Manque d'ambition, Fournier ? Pas complètement. Mais les principes sont les principes : Le Guen ne voulait pas non plus gérer l'après-Fournier malgré les insistances du président Pierre Blayau. Logique, leur morale s'interdit de remplacer un ami. Bref, ce ne sont pas des pratiques qui se font entre eux.

Des soirées de vestiaires et des heures d'entraînement sous le même maillot résistent à cela. Les petites combines entre ces amis-là n'existent pas, dans la vie bien sûr. Et le foot c'est une part de leur vie.

## Procès d'intention

Le 9 février 2005, Laurent Fournier devient l'entraîneur d'un PSG traumatisé, exsangue. Francis Graille a fini par casser la fibre sentimentale qui le retenait de congédier l'impayable Vahid. Enfin. Le sort du président n'est pas encore scellé, il n'est pas loin de l'être. Dommage, car avec Graille, Fournier n'aurait jamais été limogé comme il le fut et encore moins avec un PSG à tout juste un point de la deuxième place du championnat. Mais Blayau n'est pas Francis Graille.

L'homme sait couper les têtes, même si elles ne dépassent pas. Il aime le foot, Blayau, sûrement, à sa manière. Mais il ne le comprend pas. Comment expliquer autrement cette drôle de décision ? Ni logique, ni loyale, ni courageuse. Une source révèle : « Pierre Blayau se fichait bien de virer Fournier. Il n'avait pas d'états d'âme. Il obéissait juste à une volonté de Canal + par la voix de Bertrand Méheut qui ne pigeait rien au foot et qui avait eu connaissance d'un entraîneur débordé par ses joueurs. Un sale procès d'intention a été dressé à Laurent Fournier. Canal croyait qu'il allait se casser la gueule, ce qui était évidemment fâcheux dans l'optique de la revente. »

On le sait : les joueurs du PSG ont tout fait pour pousser Halilhodzic vers la sortie. Les ressentiments ne pardonnent pas. Ils voulaient un coach plus souple, bien plus compréhensif, en un mot plus sociable.

Ils l'ont eu et qu'ont-ils fait pour le garder ? Rien, ou si peu. En tout cas, peu de chose pour balayer les certitudes de Blayau.

À l'arrivée de Fournier, la crise transpire des murs pourtant. Le club court à sa perte avec seulement 7 points d'avance sur le premier relégable, les supporters tempêtent encore contre les mesures de sécurité et la justice s'intéresse de près à quelques transferts tordus du temps de Laurent Perpère. Paris brûle et Halilhodzic jette de l'essence partout.

À la fin de cet exercice 2004-2005, Lolo a assuré le maintien (7e) et pacifié le vestiaire.

En mai 2005, il pourrait agir à sa guise, suivre ses inspirations. Sauf que Graille est à son tour broyé par la « centrifugeuse » (l'expression favorite de l'ex-président lillois pour évoquer le PSG du temps de sa présidence). Sauf que Pierre Blayau n'a rien d'un romantique. Il prolonge son entraîneur sans emballement particulier.

De mai à septembre, tout va pour le mieux, enfin presque. Les propos de Fournier plaident toujours pour la convivialité, le plaisir et la part des joueurs, selon lui, plus essentiels que l'influence d'un entraîneur, si bon soit-il. C'est l'anti-Vahid par excellence, c'est surtout un timide trop effacé pour les desseins et les spéculations de Canal +.

Modeste et fidèle, Laurent Fournier n'a jamais contredit ses propres mots. Ce ne fut pas le cas de Pierre Blayau, qui assène dans *L'Équipe*, le 26 mai 2005, une de ces promesses qui n'a de valeur qu'aux yeux de ceux qui y croient : « Quand on arrive à la tête d'une entreprise, et le PSG en est une, il faut observer avant de décider. En écoutant les uns et les autres, j'ai compris qu'il y avait une osmose entre Laurent Fournier, les joueurs et le club. Laurent (et en plus il l'appelle par son prénom, trop sympa, Blayau !) incarne aussi la continuité dans ce club qui a besoin de se stabiliser. Enfin, il est compétent. »

Six mois plus tard, le PSG n'a plus besoin de se stabiliser et Laurent, comme il l'appelait, n'est plus compétent. Le fusil est de sortie, c'est le tir à vue : « Laurent Fournier a eu plusieurs fois sa chance. J'ai la responsabilité de prendre des décisions, j'en prends une mûrement réfléchie et prise collectivement. » Tellement réfléchie et prise collectivement qu'elle ne vient pas de lui, effectivement ! Pour justifier un licenciement sans cause réelle et tout à fait sérieuse, Pierre Blayau tombe dans le non-sens. Le PSG est à un point du deuxième et alors ? Il n'y a pas de quoi sauter au plafond ! Faut-il s'en contenter ? Certainement pas, foi de Blayau !

« Nous sommes effectivement à un point du deuxième, mais où est passée la première place (drôle en plus, non !) ? Y a-t-il une ardoise magique qui l'a effacée ? » Et tout aussi savoureux : « C'est un peu triste de se dire à la mi-saison que le PSG a renoncé à la première place. »

C'est aussi bien plus triste d'oublier que le PSG a juste failli descendre la saison d'avant s'il avait poursuivi au rythme militaire de coach Vahid.

C'est définitivement plus triste de croire que le PSG pouvait rivaliser avec Lyon pour un titre de champion de France. Que tous les entraîneurs de France se tiennent à carreau, Blayau vous le dit ! Les résultats ne suffisent plus, c'est premier ou la porte. À moins de consentir des efforts, bien sûr. Si vous avez une gueule, un bon profil et surtout un entregent appréciable, on peut discuter...

Évidemment, Fournier n'a pas tout ça. Quelques joueurs songent à mener une fronde pour obliger Blayau à se raviser. Des supporters parisiens profitent du dernier déplacement à Ajaccio (le samedi 17 décembre 2005, 1-1) pour marquer leur soutien à Lolo, rien n'y fait. Tout est joué, acté d'avance.

Les meilleurs soutiens côté joueurs, Lionel Letizi, Jérôme Alonzo ou Édouard Cissé sont déçus, mais réalisent bien qu'une bataille ne se conduit pas sans appuis venus de l'arrière. Les pro-Fournier se retrouvent seuls, désespérément seuls.

Un des joueurs de cette période le rapporte : « On n'a pas été trop brillants sur ce coup-là (l'ont-ils été un jour ?), mais il faut nous comprendre. On ne pigeait plus rien, on n'avait plus aucun repère. On était passé d'un fou (Halilhodzic) à un ancien joueur, pote avec tout le monde. On a commis une grave erreur : on aurait pu mieux s'autogérer avec Lolo. »

Eh oui ! Ailleurs ou même à d'autres époques du PSG, des joueurs savaient prendre le pouvoir et protéger un coach un peu défaillant par le confort de quelques succès.

## Énarque et bourreau

Dans son ouvrage, Jérôme Rothen, ni pro ni anti-Fournier, mais très déçu de son positionnement trop offensif lors d'un déplacement à Bordeaux, avoue que le président Pierre Blayau sondait sournoisement le vestiaire pour légitimer ainsi une décision scellée depuis des semaines. La victoire (Fournier avait ce jour-là laissé M'Bami et Kalou sur le banc) à Bordeaux, justement (le 20 novembre 2005, 2-0), bousculait quelque peu le calendrier établi. Fournier ne pourrait pas être congédié là-dessus. C'est le temps qui agira contre lui.

L'énarque, distant, froid, n'a qu'une certitude : le licenciement de Fournier est une nécessité. Il le pense depuis tellement longtemps que cela devient épuisant d'attendre.

Jean-Michel Moutier, alors directeur sportif, comprend que l'arrivée d'un adjoint suffirait probablement pour renforcer et protéger Fournier. Le nom de Vincent Guérin, entraîneur de la réserve, est même évoqué. La piste paraît sûre. Elle le sera aux yeux de Laurent Fournier, pas pour ceux de Pierre Blayau. Un salarié du PSG confie : « Le président n'était pas dans une stratégie qui consistait à aider Laurent Fournier, il cherchait à s'en débarrasser, point à la ligne. »

Dans l'esprit de Blayau, l'après-Fournier porte un nom : Le Guen. Malgré les appels du pied de Guy Lacombe. Le président se persuade que l'ex-entraîneur de Lyon, en standby de club, est l'entraîneur idéal. Il sait qu'il n'a rien d'un caractériel (il a été son président à Rennes), cela tombe bien, Blayau digère mal les caractériels. En revanche, les titres et la carte de visite le rassurent. Le Guen a tout pour le séduire, ne vient-il pas d'être sacré trois fois champion de France avec Lyon ? N'est-il pas libre de tout engagement ? Libre oui, mais lié à des principes. Et les principes, c'est sacré !

Donc Le Guen ne s'assoira jamais sur un banc de touche après Laurent Fournier. C'est ainsi et c'est très respectable.

Dans sa procédure de licenciement, le président n'aura même pas eu l'élégance de prévenir Fournier le soir même de son communiqué officiel. Il avait tout le loisir de lui annoncer la mauvaise nouvelle, pourtant. Il n'y avait pas de témoins, juste une conversation téléphonique banale.

Certes, Lolo sentait bien qu'il ne ferait pas de vieux os, question de style et de feeling aussi, mais il ne s'imaginait pas découvrir l'annonce de son licenciement à la lecture des quotidiens du mardi 27 décembre 2005. Un condamné a tout de même le droit à quelques égards.

Évidemment, Laurent Fournier n'est pas né de la dernière pluie. Il mettra du temps à soigner de vilaines blessures et pouvoir parler sereinement de ce limogeage sec, brutal et peu académique. Dix-sept mois pour relativiser, s'informer, comprendre et dénouer le fil d'une mauvaise histoire. *L'Équipe* sortira sa déclaration la plus aboutie. En voici quelques extraits : « En novembre 2005, quand on a gagné à Bordeaux le seul qui n'était pas heureux, c'était lui (Pierre Blayau). Je sais que Guy Lacombe, ce soir-là, attendait sur son canapé avec une valise. Blayau me mettait une pression incroyable dans la presse. Dans la semaine, il était venu au Camp des Loges pour parler aux joueurs et s'en expliquer : "Si je fais ça, c'est pour vous. Moi, je veux que l'année prochaine, vous jouiez à Old Trafford ou au Nou Camp. Vous savez, le staff m'emmerde, la presse m'emmerde, il n'y a que vous que j'aime…" »

Pierre Blayau n'a rien compris aux choses du foot mais ça ne l'empêchait pas – histoire de déstabiliser et fragiliser son entraîneur – de laisser croire à Sylvain Armand qu'il ne risquait pas d'atterrir en équipe de France s'il continuait de jouer au milieu de terrain. Quand un président se mêle de tactique, le désordre n'est jamais bien loin. Surtout s'il prête l'oreille à quelques conseillers prompts à la succession…

Dans sa mauvaise foi d'homme pressé, Blayau aura dit à peu près tout et son contraire et surtout minimiser le redressement salutaire post-Halilhodzic. Laurent Fournier n'oubliera pas certains mots, trop durs, injustes, peu charitables. Ils l'ont blessé ces mots, il en parle. Toujours dans *L'Équipe* : « (…) Après notre défaite à Lyon, il avait déclaré : "Si stabilité rime avec médiocrité, il est temps de changer." C'est une phrase qui m'a marqué. Quelques mois plus tard, je regardais le PSG-OM des minots (0-0, 29e journée, le 5 mars 2006) chez moi, avec des amis. On a bu quelques verres, et on a fini par envoyer ce texto à Blayau : "Si humilité rime avec médiocrité, nullité rime avec quoi ?" Il a cherché partout d'où cela venait. Maintenant, il le sait. »

Et dans sa vérité délivrée au printemps 2007, l'ex-entraîneur n'aura pas oublié de remercier les facéties du destin : « Moi, je suis sincère : quand on te dit qu'à ta place on va recruter le meilleur tacticien, le meilleur formateur, un type qui travaille énormément, et qu'on te fait passer pour un nul, tu souris quand tu vois que ses résultats sont moins performants que les tiens. J'ai été blessé par certains mots. De manière étonnante et symbolique, Guy Lacombe a été limogé après sa défaite face à Valenciennes et Antoine Kombouaré, l'homme qui m'avait ramené au PSG en parlant de moi pour l'équipe de CFA. Quelle ironie ! »

Laurent Fournier aura tenu dix mois et dix-huit jours, c'est à la fois long et si court. Ce fut surtout une trop brève période brisée par les incessantes gesticulations de Canal +.

Dans sa peau d'actionnaire, la chaîne n'était plus là pour rigoler. Elle s'est débarrassée d'un bon président, Francis Graille, et a validé une fin de parcours indigne de ce qui avait été entrepris à la naissance du mariage entre la chaîne et le PSG. Canal + a fini par croire que le monde des affaires n'impliquait plus que des bilans corrects avec des hommes sans passion. Pour se délester d'une dette récurrente, Canal osa n'importe quoi. Curieuse fin tout de même.

Après avoir racheté le PSG (qu'il a sauvé de la faillite), la chaîne payante a réussi un saisissant grand écart : elle a commencé par le meilleur président de son histoire au PSG (Michel Denisot) et conclu par le pire (Pierre Blayau). Si la chaîne avait voulu que le public du Parc des Princes ne la regrette pas, elle a gagné. Mais était-ce vraiment le but recherché ? Une source révèle : « À plusieurs reprises, il a été envisagé le retour de Michel Denisot. Mais contrairement à tout ce qui a pu s'écrire, il n'a jamais été désireux de revenir. »

Est-ce si étonnant ?

# 16

# Le jour où Dhorasoo ne veut plus être un malade imaginaire

## *Les barons du milieu*

Au bout du fil, il écoute vaguement et finit par stopper la tentative d'approche. Le ton est posé, ce n'est plus un footballeur écorché vif qui parle mais un homme rescapé de la violence de quelques maux de vestiaire et de regards incendiaires sortis de l'atmosphère feutrée des terrains d'entraînement du Camp des Loges.

Vikash Dhorasoo n'hésite pas, il lance juste d'une seule phrase comme s'il se jetait dans une eau glacée sans réfléchir : « Je suis désolé, je n'ai rien contre vous, mais je ne parlerai pas de ce monsieur. Mais… » Un petit sourire se devine, il tient à laisser supposer qu'il pourrait en dire beaucoup, tellement plus sur sa relation de conflits avec le Paris SG et dans le PSG.

Joueur atypique, plus cultivé que la moyenne, l'ex-Havrais, passé aussi par la fureur du Milan AC, reste pour l'heure le plus célèbre footballeur de l'histoire du championnat mis à pied et viré sans expédients. Les motifs évoqués par la direction du PSG et par la voix d'Alain Cayzac, premier président de l'après Canal +, prennent des allures de tacle sans retour. Fermes et définitifs. Donc limogé pour « des manquements » du joueur à son « obligation de réserve », son « devoir de loyauté », ainsi que des « actes d'insubordination, de désobéissance », et une « attitude de provocation permanente ».

Bien avant la lettre incendiaire de Charles Villeneuve de 2009, la mode du recommandé servait déjà. Comme dans toutes les entreprises, le sens hiérarchique a choisi son camp. Il ne pouvait pas en être autrement, l'entreprise ne pourrait le supporter. La morale du foot non plus.

Certes, Guy Lacombe, dans sa qualité d'entraîneur, n'était pas très performant. Mais il était le donneur d'ordres, pas le subordonné de Vikash Dhorasoo.

« Le problème, ajoute un joueur de cette période parti depuis, c'est que Guy Lacombe a abusé de son pouvoir. Je n'aimais pas trop Vikash, même si je n'avais jamais rien eu à lui reprocher. Mais lui coller l'étiquette d'agitateur, c'est exagéré. Cette histoire a surtout permis de cacher le reste… »

Convenons-en : le monsieur évoqué par Vikash Dhorasoo est d'abord un excellent entraîneur, l'un des meilleurs, il n'y a pas de doute possible. Et son parcours atteste de cette évidence.

Passé par Cannes, Toulouse, Guingamp et Sochaux, cet ex-milieu de terrain, formé à l'école nantaise, a le banc de touche dans le sang. C'est toute sa vie.

Il n'entraîne pas, il y joue sa vie. Il n'avertit pas, il gueule. Guy Lacombe donc.

Très vite, l'actuel coach de Rennes découvre qu'il est tombé dans un guêpier. Les joueurs sont passés par toutes les époques et ont connu différents styles.

De la discipline version Vahid Halilhodzic à l'autogestion façon Laurent Fournier, rien ne peut être simple. D'emblée, c'est une règle d'or plus ou moins écrite dans la relation joueurs-entraîneur : Guy Lacombe se doit de maîtriser le vestiaire. Sinon, point de salut.

Les premiers jours lui permettent de comprendre que Jérôme Rothen et Vikash Dhorasoo ont plus envie de l'éprouver que de se rallier à son panache grisonnant. L'un a la fâcheuse manie de se blesser à la moindre contrariété, l'autre trie ses matches et distille son talent selon ses humeurs.

Il faut tout de même les différencier. L'ex-Monégasque n'est pas aussi irrécupérable que l'ex-Milanais, vice-champion du monde 2006, et petit rebelle de poche, à sa manière. Dans la décomposition progressive de cette équipe, chaque détail pèse. Et c'est à chaque détail que le successeur de Laurent Fournier doit faire face, son territoire n'est nullement déminé. Loin de là.

Il y a d'abord le peu de légitimité que lui accordent les deux « barons » du milieu de terrain. Il faut y voir là aussi des confidences peu amènes d'anciens joueurs de Guy Lacombe à Sochaux ou Toulouse revenues à leurs oreilles.

Dans son livre, Rothen avoue lui avoir déclaré sur un ton peu amical : « Mais vous êtes qui, vous, pour me parler comme ça ? Vous avez fait quoi dans votre carrière ? Une finale de Ligue des champions (allusion à celle que lui a disputée avec Monaco contre Porto le 26 mai 2004, finale perdue 3-0). Non, je ne crois pas. Pour moi, vous êtes un petit entraîneur. Point barre. »

## Épreuve de force

En vérité, Jérôme Rothen a longtemps couvé sa rancœur et son aigreur, plus que Dhorasoo sans doute. Comme d'autres joueurs de toutes les périodes du PSG, nos deux « têtes de Turc » avaient plus ou moins pris le pouvoir et dicté leurs conditions à Laurent Fournier, pas plus prestigieux à leurs yeux sur un banc de touche, certes, mais plus aimable.

Gilles Dumas, spécialiste en marketing sportif, analyse : « Dans les relations entre un joueur et son entraîneur, il y a toujours inconsciemment la référence à la carrière de l'un par rapport à l'autre. Si le joueur possède un meilleur palmarès, cela peut provoquer un certain décalage. »

Rothen est passé dans les mains de Didier Deschamps, un cador question palmarès, Dhorasoo dans celles de Carlo Ancelotti, un caïd du banc.

Guy Lacombe part donc de très loin, il le devine et cela le rend fou. Certains prétendent même que cet autre entraîneur moustachu supporte mal la starisation des joueurs, non par jalousie, mais par regret de ne pas être né comme eux, un peu plus tard. Une source évoque : « Il est d'une époque où l'on gagnait moins d'argent et où il y avait plus d'exigence par rapport à son métier. Il vit par conséquent un véritable fossé des générations. Comme beaucoup de monde d'ailleurs. »

Guy Lacombe n'est toutefois pas homme à s'incliner devant une star ou une pseudo-star. Les privilèges, il n'en a cure. Les chasses gardées, il les combat. Dans sa gouvernance de vestiaire, il réalise très vite – parce qu'il n'est pas né sot, n'en déplaise à Rothen – que l'implication de ses joueurs est à géométrie variable. Il se rend bien compte qu'il lui sera impossible de tout régenter, alors il tolère des impasses et s'imagine qu'arriver à mettre au pas les Rothen et Dhorasoo accélérera les choses et l'imposera définitivement aux yeux des autres. Le coach ne lâche rien, ne passe rien. Le fameux détail ne peut être perdu. C'est une survie de sa fonction, tout du moins le pense-t-il, qu'il gagne à tous les instants.

Aux premières incartades, le voilà dans un état second prêt à mettre le feu au Camp des Loges s'il le faut. Qu'importe, cette partie-là favorise tout le reste. Guy Lacombe est expressif, bien plus qu'un Halilhodzic moins communicant au bout du compte. Et à la différence du Bosniaque, l'Aveyronnais travaille plus dans la rancune et la mémoire des engueulades. Une fois qu'il ne vous apprécie plus, Guy Lacombe prend des allures d'un Luis Fernandez : il incendie, s'oppose à l'extrême, châtie et répudie pour bien marquer ses prérogatives. Et il est servi, le coach : Rothen et Dhorasoo seront ses Ginola, Anelka et Ronaldinho sans le talent rare de leurs aînés.

Le départ n'est pas virevoltant, malgré un premier match conclu par une victoire (3-1, le 4 janvier 2006) contre Sochaux, son ancien club. Lacombe laisse aller sa colère, déjà ! Il peste, fulmine contre l'inconstance de cette équipe qui va cultiver les chiches victoires, les lancinants nuls et les revers cinglants.

Celui du 18 février 2006 contre Le Mans (0-1) sent la révolution dans un Parc des Princes à cran. Un point de non-retour est franchi entre le coach engoncé et ses deux « rebelles » incontrôlables. Il s'attaque d'abord au cas Dhorasoo par la face nord. À la mi-temps, le PSG a le visage des mauvais jours, Le Mans a de quoi festoyer, il mène au tableau d'affichage, les tribunes persiflent. Dans le vestiaire, les joueurs baissent la tête. Quand ils la relèvent, ils finissent par observer que le nom du Mauricien a disparu de la composition d'équipe de la seconde période. Il n'y a ni mots ni regards, juste un acte écrit au feutre.

Dhorasoo n'entendra rien, il pose son maillot sur la table et s'isole dans son monde. Il n'ira pas plus loin, le Parc est bien loin, le PSG encore plus, quant à Guy Lacombe…

Une équipe retourne sur la pelouse, un joueur se noie dans ses pensées les plus grises. Par réflexe, il range ses affaires aussi mécaniquement que s'il bouclait sa carrière et s'apprête à passer sous la douche comme s'il voulait vite se laver de l'affront.

Rothen ? Lui a droit à un autre scénario, pas sûr qu'il gagne au change. Il redémarre la seconde période presque certain d'avoir obtenu un bon sursis. Il ne durera qu'une poignée de minutes, le sursis, le voilà rappelé au bout d'un quart d'heure vers la 60e minute.

Rothen est un sanguin, un impulsif, un maladroit aussi ; il ne calcule rien mais subit de plein fouet la vexation d'un public qui le conspue. Ce n'est pas ce qui l'agace le plus.

Le « remplacé » comprend que Guy Lacombe veut le châtier plus encore que Dhorasoo. Sur la place publique, tel un condamné face à sa potence. À l'un l'éviction par une porte dérobée à la mi-temps, à l'autre les sifflets de la foule. Les quelques pas à couvrir jusqu'au banc s'apparenteraient presque à un échafaud. Le gaucher a des envies de coller des droites, les lumières l'aveuglent, les regards le crispent. D'un geste et d'une posture méprisante, il applaudit tous ces spectateurs qui le sifflent.

D'un regard, il foudroie le banc de touche et observe que Guy Lacombe l'ovationne comme s'il voulait prendre le Parc à témoin. C'est alors l'explosion. Jérôme Rothen gueule sa rage, il hurle, les sifflets étouffent l'insulte.

Sur le banc, Lacombe passe à autre chose, il a probablement entendu ou lu furtivement sur les lèvres du banni. De toute manière, il s'en fiche comme de sa première engueulade, le coach, il vient de donner en pâture au bon peuple les deux coupables – est-ce vraiment les seuls ? – de cette pitoyable défaite. Les autres maux et les autres justifications deviennent inutiles.

Dans son ouvrage, la version de Rothen confirme la scène, il souligne parfaitement le degré de mépris et de haine qui s'est rapidement installé dans l'univers impitoyable d'un PSG en version catastrophe : « En quittant l'aire de jeu, j'applaudis le Parc, ce qui n'est pas malin, j'en conviens. Je me retourne vers le banc des remplaçants, et je vois Lacombe m'applaudir à son tour de façon ironique. Je le regarde et lui dis : “T'es vraiment qu'un enculé !” Il n'entend pas (pas sûr qu'il n'ait pas entendu), mais il peut facilement lire sur mes lèvres. J'enlève mon maillot et je rentre direct aux vestiaires. Là, je tombe sur Vikash, qui a déjà pris sa douche :

« “Je m’en vais, dit-il.
— Tu t’en vas où ?
— Chez moi. Il s’est foutu de ma gueule, je rentre.” »

## Opération de marginalisation

Depuis ce Paris SG-Le Mans, plus rien ne sera pareil. La vérité oblige à affirmer qu’il aurait fallu un président fort et décidé pour apaiser un feu évident et nourri heure après heure, jour après jour.

Pierre Blayau avait sans doute d’autres préoccupations plus utiles qu’une réunion d’explications entre les deux « pestiférés » et leur coach... La suite continuera de prolonger le désordre et la guerre ouverte entre deux joueurs et un entraîneur.

La semaine de l’après PSG-Le Mans est édifiante à ce sujet. Elle s’inscrit totalement dans la quête de crédibilité recherchée par Guy Lacombe. Il en va de son autorité vis-à-vis d’un groupe qui, sans trop le laisser paraître, attend des actes et des mesures à l’aune des indisciplines de Dhorasoo et Rothen. S’ils voulaient déstabiliser Lacombe, ils ont surtout irrité plus d’un de leurs coéquipiers.

Jérôme Rothen écrira, mais faut-il le croire vraiment ? : « (...) Mais il faut que les choses soient claires vis-à-vis de nos coéquipiers. Nous leur expliquons la situation, la raison de notre réaction (le départ de Dhorasoo avant la fin de PSG-Le Mans et le coup de sang de Rothen), et leur certifions que ça ne visait pas l’équipe mais l’entraîneur. Nos partenaires comprennent (...). »

Cette vision de l’histoire n’est pas du tout partagée par l’un de ses coéquipiers qui, justement, saturait des crises existentielles des deux francs-tireurs. Il saturait tellement qu’il se languissait de quitter le PSG en fin de saison.

Les explications de Jérôme Rothen sont sans doute sincères à ses yeux même s’il mesure mal les petites combines et les manigances de sa corporation. Écrira-t-il un jour que Ludovic Giuly digérait mal sa condition de remplaçant lors de PSG-Sochaux (2-1, le dimanche 18 janvier 2009), lendemain de la divulgation dans *Le Parisien* de la lettre incendiaire de Charles Villeneuve ?

Il la digère d'autant plus mal qu'il s'étonne des privilèges de Rothen jamais remplaçant, alors qu'il n'est pas toujours au mieux de sa forme.

La semaine post-PSG-Le Mans achèvera de ruiner les relations au beau milieu d'un univers jonché de lendemains féroces à vivre au quotidien. Rothen et Dhorasoo jouent le rôle des parias, Guy Lacombe celui du shérif qui dicte sa loi et les utilise selon son bon vouloir, loin du groupe des titulaires ou de leurs postulants.

Rothen bout, Dhorasoo rumine. Lacombe ne lâche rien, sa logique le pousse évidemment à cogner sur les privilèges et les statuts établis sans trop se soucier d'un président Blayau trop affairé ailleurs pour imposer une ligne de conduite.

Le coach est donc livré à lui-même. Il écoute et il consulte – contrairement à quelques idées reçues. Lacombe n'agit pas à l'impulsion, il planifie sa riposte bâtie sur deux phases. Dans la première, il les désolidarise du restant de l'équipe. Dans la seconde, il les marginalise et les envoie dans l'équipe de réserve qui joue en CFA contre Dieppe.

Pas de discussion possible, c'est à la mesure de leur comportement inadmissible, pense-t-il, lors du PSG-Le Mans.

Le ton du coach ne supporte pas la contradiction, il affirmera juste, sur un ton sec et sans espoir de réconciliation : « Ce sont deux joueurs que je considérais comme des leaders. À ce titre, ils avaient des droits et des devoirs. Mais ils ont dérogé à leurs devoirs le week-end dernier. Ils joueront tous les deux en CFA. »

Silence dans les rangs, un coach reprend les rênes et tient à ce qu'on le sache. La nouvelle n'ébranle pas le vestiaire mais ne le transfigure pas non plus. Le PSG ira chasser pour un piètre match nul à Nantes (0-0, le 25 février 2006).

Pendant ce temps-là, Jérôme Rothen accomplira sa tâche dans l'anonymat et la simplicité d'un match de CFA. Dhorasoo ? Il réussira un joli paradoxe : il sera à la fois convoqué en équipe de France et il se portera pâle pour le CFA pour cause de subite douleur au dos. Que voulez-vous, les blessures, cela ne pardonne pas ! Mais elles s'interprètent, elles aussi, différemment selon les circonstances. Dhorasoo pour s'éviter un passage vexatoire, selon lui, en CFA s'invente un bobo imaginaire. Il monte en revanche sur ses grands principes quand Guy Lacombe, plutôt conciliant cette fois-là, lui suggère d'évoquer une blessure diplomatique. Le deal se passe le vendredi 22 septembre 2006, la veille du match contre Nancy au Parc (0-0). Dhorasoo apprend qu'il est à nouveau écarté de l'équipe professionnelle.

Depuis la défaite au Parc contre Marseille (1-3), le 10 septembre, la rupture est à nouveau profonde et violente entre le coach et son joueur. Guy Lacombe l'accuse de gaspiller son talent en s'économisant ; chaque non-match de Vikash le foudroie comme s'il s'agissait d'une trahison à ses méthodes. Donc Lacombe est prêt à mentir pour s'éviter une crise de plus. Ce ne serait pas la paix des braves, non, juste un répit dans leurs orages quotidiens.

Stoïque, calme, fier, limite bravache, Dhorasoo, lui, refuse de mentir. Pas cette fois. Il n'a plus mal au dos comme avant Dieppe, il veut juste lire dans la presse qu'il est écarté pour la réception de Nancy. Écarté, mis de côté, juste bon à la casse.

Il faut dire que les derniers entraînements ont plus ou moins tourné sur ce statut de blessé établi par Guy Lacombe et contredit de manière ferme par le lutin impassible. Le coach interrompit même une séance parce qu'il n'acceptait pas de voir Dhorasoo s'inviter dans le groupe des valides. Blessé, il ne l'est pas et il ne veut pas l'être.

Un salarié du PSG affirme : « Dhorasoo est un type intelligent, il s'est renseigné et voulait pousser Lacombe à la faute. Mais il est allé trop loin. »

Mis à pied à titre conservatoire dès le 26 septembre 2006 et convoqué à un entretien préalable par son président Alain Cayzac, le successeur de Pierre Blayau, « le perturbateur » aura donc été limogé sans gloire et sans amabilités, le 11 octobre 2006. Sa carrière aura oscillé entre de rares fulgurances et d'intempestifs conflits avec ses entraîneurs (Guy Lacombe au PSG, Jacques Santini et Paul Le Guen, à l'OL) et de mémorables empoignades avec ses coéquipiers (notamment Grégory Coupet, toujours à l'OL et Peggy Luyindula au PSG).

Son talent ne méritait pas une si triste fin. Mais le talent excuse-t-il tout ?

# 17

# Le jour où la Porte Saint-Cloud devient la rue Barbare

## *Insupportables supporters*

C'est un soir un peu plus détestable que les autres. Un de ces soirs où le kop de Boulogne vocifère, éructe – comme souvent – et se laisse emporter par une minorité d'abrutis jamais trop avares d'insultes.

Ce Parc s'apparente à une caisse de résonance à l'intérieur de laquelle tout s'y déverse.

Au PSG, il y a un principe : Boulogne loge les nazis et les skins, Auteuil abrite la génération black-blanc-beur. Entre les deux, le fossé se creuse, les ghettos se reproduisent depuis la cité puis les rues environnantes jusqu'à ce bon vieux Parc abîmé, souillé à force d'avoir trop ouvert ses portes et ses gradins au tout-venant.

L'erreur remonte à la remise des clés à Canal +. À l'époque, il s'agissait surtout de le remplir ce bel écrin, coûte que coûte. Pour y parvenir, ses responsables dialoguent, recrutent sans se soucier des pedigrees. Que l'on papote avec des types connus des Renseignements généraux ou que l'on engage des stadiers plus ou moins de mouvance raciste ne freine en rien la marche en avant. Le club est ambitieux comme nulle part ailleurs.

Alors la gangrène, la haine se sont peu à peu incrustées comme la rouille sur de vieux bâtiments. Paris n'est pas plus raciste qu'ailleurs : la ville est surtout plus tentante pour revendiquer, gueuler, cracher, cogner, caillasser. N'y voyez là aucun a priori, juste un constat établi sur les événements peuplés de faits divers et de violences urbaines.

Depuis des années, malheureusement, la Porte de Saint-Cloud n'est pas très hospitalière un soir de match. Elle est pourtant calme, cette Porte avec cette place en amont ornée de grandes brasseries, d'un McDo et d'un terre-plein central. Elle serait plus bourgeoise que populaire sauf qu'elle s'offre au brut édifice du Parc des Princes. Et les soirs de match, la Porte de Saint-Cloud revêt des allures de rues barbares, la bêtise s'y promène sans trop se soucier de quelques policiers un peu désarmés.

Ce fut un soir un peu plus détestable que les autres et ce fut possible. Les « enculé », « nique ta mère », les bras levés et les doigts d'honneur « égayaient » comme à l'accoutumée les alentours, du bitume aux gradins. Et face à une majorité de supporters normaux, la horde sauvage occupait le terrain.

C'était le 23 novembre 2006, un jeudi de Coupe UEFA pour le PSG. Colony Capital et ses partenaires avaient pris la place de Canal, les débuts du championnat n'étaient pas plus festifs.

Mais, ce soir-là, Paris ne tremble pas trop, il reçoit l'Hapoël Tel-Aviv. Sur le papier, c'est plié d'avance. Sur le terrain, le ridicule se décline à toutes les minutes. Très rapidement, le club israélien – dans un Parc acquis à sa cause – mord des jambes parisiennes déjà fatiguées avant d'avoir couru.

S'il ne s'agissait que d'un match de foot, cela finirait par une petite crise, pas plus méchante qu'une autre à Paris. Une sorte de grippe qui revient à chaque retour prochain de l'hiver. Hélas… Ce n'est plus une crise mais une tragédie. Le Parc a enfanté d'un mort : un jeune, entraîné par les conneries et les excès d'une tribune désespérante.

Boulogne peut donner la nausée, elle était à vomir, cette tribune, ce soir-là. Et les faits sont allés plus loin qu'à l'ordinaire : un flic d'origine antillaise s'interpose pour protéger un supporter du PSG juste coupable d'être de confession juive. Pardi, Tel-Aviv a gagné, il faut bien que quelqu'un paie !

La chasse à l'homme s'abat sur Paris. Des skins, des racistes, des antisémites, toute la fine fleur de la tolérance, pourchassent le pauvre gars. Le flic plus seul qu'un général sans division finit par tirer. Par légitime défense, par peur aussi. Il file avec le supporter se réfugier dans le McDonald's qui jouxte les Trois-Obus.

Dehors c'est la haine, des cris s'échappent : « sale nègre », « maudit juif », tout y passe. Sur le trottoir, Julien Quemener meurt ; un autre supporter, habitué du kop Boulogne lui aussi, est grièvement blessé.

Le PSG vient d'encaisser la plus grande raclée de toute son histoire. Il ne sera plus jamais un club ordinaire. Il a fait un mort et évité de justesse le lynchage d'un simple supporter marchant, ce soir-là, sans écharpe, ni casquette à sa gloire. Il était juif, il a failli y passer.

Depuis ce sinistre 23 novembre, l'image n'est plus tout à fait la même, elle n'était pas flamboyante auparavant, elle est encore plus dégradée.

## Violentes tribunes

« Ce club manque d'une culture qui lui est propre, explique Gilles Dumas, directeur général de Sportlab, cabinet conseil en marketing sportif, la seule culture identifiable renvoie à ses supporters violents. Et aujourd'hui, la marque se porte mal. Sportlab a réalisé une étude en novembre 2008, les résultats ne sont pas fameux. Ce qui vient en premier dans les caractéristiques du PSG, ce sont ses supporters violents.

On nous parle des tribunes avant d'évoquer le stade. Qui va y laisser aller son fils de 12 ans seul ?

« C'est aussi une des raisons qui justifie le succès du Stade Français en rugby : le plaisir d'aller voir du sport sans avoir peur. Le constat est terrible pour le PSG : ce club n'a pas de bases saines pour se développer. Son problème n° 1, ce sont ses supporters, j'y reviens toujours.

« Comment peut-il en guérir ? Je ne vois qu'une mesure excessive, impossible évidemment : il faudrait qu'un président du PSG aille dans les tribunes et mette un coup de boule aux hooligans et que cela fasse la une des journaux le lendemain. On se dirait, ça y est, ce président-là règle enfin le problème.

« Par conséquent, il n'y a pas un grand nom qui rêve de s'associer au PSG. Fly Emirates (l'annonceur maillot) s'en fiche, c'est pas cher, il ne communique pas ou peu sur le PSG. Il a payé sur un truc à Paris qu'il ne connaît pas. Si je raisonne en marketing pur, vous pouvez faire venir Zidane, cela ne dissipera pas le malaise ambiant. On a ouvert la porte à la haine depuis des années. »

De son côté, Alain Cayzac soutient l'idée que la fermeture partielle d'une partie de la tribune Boulogne, là où Julien Quemener assistait régulièrement au match, a été vécue comme un traumatisme.

Gilles Dumas va plus loin encore : « La posture de Cayzac après la mort du supporter, je ne l'ai pas bien comprise, pourtant je l'aime bien, Alain Cayzac, il a essayé d'intervenir. Je pense qu'il aurait fallu une décision radicale, forte. Il aurait pu stopper la saison et repartir en D2 quitte à ne plus s'appeler le PSG, mais renaître autrement avec une image vierge. Les supporters ont gangrené l'image quasiment à vie. Je ne vois pas comment on peut l'améliorer avec cette vision haineuse des supporters. Il faut casser ces noms de tribunes Boulogne et Auteuil. L'une, vous la rebaptisez Francis Borelli, de préférence Boulogne, l'autre Safet Susic. Et vous communiquez sur ces changements. »

À vouloir s'arranger avec tout son public, le PSG n'a jamais éradiqué ce qui le fragilise depuis près de vingt ans. Tellement fragile qu'il en vient à risquer la peau de ses joueurs, le lendemain du drame du 23 novembre, sur les terrains d'entraînement du Camp des Loges.

Les supporters qui y passent, ne sont pas venus pour s'unir à leurs joueurs comme on le fait, respectueusement un lendemain de drame. Non, les voilà ces insupportables supporters lancés d'abord à la poursuite de Bernard Mendy. Puis ils foncent sur tout ce qui bouge avec une gueule de footballeur du PSG.

Dans son autobiographie, Jérôme Rothen avouera que Pauleta eut juste le temps de s'abriter dans les toilettes, alors que Sammy Traoré s'était muni d'une paire de ciseaux pour partir à l'assaut face à la meute déchaînée ; le géant malien sera retenu de justesse.

Les esprits se calmeront quelque peu, un dialogue s'instaurera entre les joueurs et des représentants de supporters dans le bureau de Guy Lacombe, l'entraîneur. La raison eut ordonné que l'on pactise pour se guérir ensemble de cette plaie béante. La raison oui, la folie non.

Un des représentants de ces supporters dira, comme le relate Rothen : « Les mecs, il y a déjà eu un mort, si le deuxième supporter blessé décède aussi, vous êtes morts ! »

Un décès n'aura donc servi à rien. La vérité se déplace : dans ces têtes de supporters enragés, c'est de la faute des joueurs. S'ils avaient gagné, c'était la fête, la grande fraternité des peuples, les embrassades en pleine nuit de la Porte Saint-Cloud à la Porte d'Auteuil. Mais ils ont perdu. Pire, ils ont fait honte à leurs supporters, ces divas du ballon. Et quand il y a honte chez les supporters, la colère cogne…

Un supporter est donc mort parce que la bande à Rothen n'arrivait pas à mettre un pied devant l'autre. En ce lendemain de tragédie, le PSG n'a pas su répondre à la violence de ses fans, une fois encore, encore une fois. Il ouvre ses guichets à tous les vents mauvais et s'étonne ensuite que Rothen, justement, manque de se retourner sur le périphérique à cause d'une roue crevée par un ou plusieurs supporters (le 3 décembre 2007, lendemain de la défaite au Parc contre Caen, 0-1).

Les réponses d'Alain Cayzac, comme celles de Michel Denisot, Charles Biétry, Laurent Perpère, Francis Graille, Pierre Blayau n'ont jamais été à la hauteur du malaise ambiant, de cette insécurité ressentie au creux des gradins et aux alentours. Ces hommes-là dans leur globalité n'ont pas pu, pas su, pas cru que la sécurité d'un stade passait avant les résultats plus ou moins aléatoires de quelques stars des pelouses.

Gilles Dumas est aussi sévère : « Il y a eu, fin des années 1980, début des années 1990, une propension à laisser la porte ouverte et à couvrir tout ce qui se passe aujourd'hui. Pour avoir des supporters, on a fermé les yeux sur certains faits. Il y a eu un manque de vigilance, on a laissé les débordements s'installer. Le PSG d'aujourd'hui paie cela. Et le prix est fort. Avant, le Parc des Princes n'était jamais plein, on a laissé monter le phénomène de violence parce que cela arrangeait bien de remplir les tribunes. On a laissé grandir la mauvaise graine. Un seul président a été digne de respect sur cette question, c'est Francis Graille. »

Francis Graille n'était pas venu pour paraître. En nommant un Monsieur sécurité, Graille a bien tenté de trouver les bonnes réponses à des meurtrissures profondes. Et s'attaquer à la vie et l'identité même des associations ne vous promet évidemment pas un triomphe romain de tribune en tribune.

La signature (30 juin 2004) du contrat de sécurité du Parc des Princes entre les représentants politiques et sportifs frappait un grand coup. Il durcissait les méthodes, s'attaquait au mal sans délicatesse et sanctionnait officiellement et sans mollesse les indésirables du Parc des Princes.

Dans l'éventail des mesures, il avait notamment été question d'une mise en place de cartes d'abonnement avec photo d'identité, de sanctions contre les abonnés fautifs, de maîtrise des locaux confiés aux associations, de diffusion large des « interdits de stade » et de leur convocation dans les commissariats ou gendarmeries.

La violence du Parc se traitait sur le mode de la délinquance avec ses lois, ses arbitrages et sa sévérité. On sait ce qu'il est advenu de Jean-Pierre Larue, le Monsieur sécurité du PSG destitué de sa tâche sous la pression de supporters plus forts que tout.

Une bonne grève et sus aux mesures et à l'autoritaire Larue ! Les supporters ont gagné, ils gagnent toujours...

## Péter les plombs

Bien plus qu'un Francis Graille, pauvre président délégué sans recours populaire. Car, président du PSG, même délégué, cela a de quoi vous donner le tournis. Du coup, ils n'en ressortent jamais comme ils y sont rentrés.

Gilles Dumas, toujours, s'est, lui aussi, brûlé les ailes, persuadé comme d'autres, que la présidence d'un club de foot est l'une des plus belles aventures du monde : « J'ai été le président du Racing de 1999 à 2002. J'étais un jeune type et je me disais que tout le monde allait me trouver sympathique. En fait, tout le monde veut ta place et tu finis par péter les plombs. Et moi, je vous parle d'un club qui était en national. Alors le PSG... Alain Cayzac n'avait guère d'ennemis avant de présider le PSG, depuis il en a. Ce club, c'est un objet de pouvoir avant d'être un objet de passion, il déclenche des jalousies énormes. Francis Borelli et Michel Denisot sont les seuls qui n'ont pas changé en occupant ce poste. Dix-huit ans après, c'est encore Francis Borelli qui incarne le mieux le PSG. Michel Denisot a remarquablement réussi la synthèse. Alors que Charles Biétry a voulu imposer sa personnalité. Un Biétry qui pensait connaître le foot ne pouvait pas choisir le bon entraîneur alors qu'un

Denisot avec plus de recul, passionné sans être aveuglé, s'entourait de conseillers. Laurent Perpère, directeur financier, carré, bel aspect, s'est complètement métamorphosé. Je l'ai rencontré à plusieurs occasions et, du temps de sa présidence, j'ai observé qu'il y avait une photo de lui – chemise ouverte fumant un gros cigare, presque les pieds sur le bureau. Cet homme n'aurait jamais accepté une photo de lui dans cette posture quand il était un directeur financier de haut vol à Canal. La fonction transforme l'homme, a fortiori au PSG. Tous ceux qui ont laissé leur personnalité se laisser manger par la fonction ont explosé. Tous ceux qui sont restés – ils sont rares – ce qu'ils étaient s'en sont sortis. Denisot avait déjà une petite expérience de président à Châteauroux, Francis Graille à Lille. Ce n'est pas un hasard si on ne se moque pas de leur passage. Moi, j'ai le profil d'un bon président du PSG, pas parce que je suis le meilleur, mais parce que j'ai échoué au Racing. Cela apprend l'humilité. »

À Paris plus qu'ailleurs, la place est chère. Elle débouche sur toutes les dérives car cette fonction de président est exclusive, contrairement à d'autres capitales. Elle ne se partage pas.

De Canal + à Colony Capital, être président du PSG c'est se consumer des bouts de vie à résister à l'attraction médiatique, populaire et tentaculaire de Paris. C'est aussi lutter sans cesse contre un patrimoine PSG mieux écrit dans le passé par des titres, des victoires et des pactes communs.

En réalité, le club de ces dernières années s'est surtout déchiré en coulisses dans les influences de Canal +, des dirigeants historiques et de tout un réseau politico-showbiz jacassant dans les loges.

Le PSG n'est pas l'OL ou l'OM : il appartient à tout le monde et à personne. Sans patrimoine ni vrai amour de son passé.

18

# Le jour où le PSG ne faisait pas sourire

## *Le monde est si petit*

« Il y a quelques années, je reçois un coup de fil sur mon portable. “Jean-Michel, tu vas bien ? Que fais-tu actuellement ? Et si on déjeunait ensemble ! Demain si tu veux, c’est possible ?” C’était Artur Jorge. Le lendemain, il était en face de moi, il avait pris l’avion depuis le Portugal rien que pour venir parler de foot. On a refait le monde. Le foot, c’est toute sa vie et le PSG occupe une place à part. C’est l’entraîneur qui m’a le plus impressionné. Il avait une maîtrise incontestable du haut niveau. »

Jean-Michel Moutier parle de la belle période du coach portugais (de 1991 à 1994), pas de son retour désenchanté où il était surtout question d’accélérer la perte de Charles Biétry.

Dans la brasserie des Trois-Obus, à côté du Parc des Princes, l’ex-directeur sportif se replonge dans cette autre vie dans laquelle il n’est question que de transferts, de gestion humaine et d’objectifs à atteindre.

Cette existence du début des années 1990 où l’on vous couronnait roi d’un monde médiatique, fascinant et trépidant. Le PSG illuminait ou creusait les destins, on n'en ressortait jamais comme on y était entré.

En ce temps-là, Paris effrayait. Pas d'un coup, mais jour après jour : « Je me rappelle les tirages de Coupe d'Europe, souligne Moutier. Au début, on nous ignorait. Au fur et à mesure, on ne prévoyait plus rien sans nous. Quand je m'y rendais, il y eut à un moment donné d'autres regards sur le PSG. Grâce à Michel Denisot, jamais personne n'a hissé le club aussi haut. »

Le sourire égaie pas mal de phrases. Le destin ne l'a pas mal servi. Moutier a toujours eu l'art de croiser les bons amis, dont évidemment un certain Michel Platini.

À la fin des années 1980, ils gèrent tous deux le destin bancal de l'AS Nancy Lorraine, Platoche en est le vice-président, Moutier le directeur général. Et sur le banc de touche, Aimé Jacquet s'agite, il n'est pas encore champion du monde. À cette époque, Canal + jette son dévolu sur le PSG, dans la coulisse les équipes se mettent en place, Denisot consulte : « Au bout du fil, je l'entends encore : "Écoute, Jean-Michel, Canal + va reprendre le PSG, je vais être nommé président et j'ai besoin d'un bras droit, un homme de confiance. J'ai pensé à toi." Michel (Platini) était aussi passé par là, je sais qu'il m'a recommandé... » Recommandé... le terme est faible.

Muet comme une carpe ou difficilement joignable du temps où il exerçait dans ce PSG, l'ex-gardien parisien (de 1984 à 1987) lâche plus facilement les confidences dans cette brasserie bruyante et populaire. « Mais je ne pouvais pas tout dire, explique-t-il, dans les périodes de transferts, c'était compliqué. J'étais un homme de confiance, je le répète, j'essayais d'être à la hauteur de ma tâche. Je n'étais pas invisible puisque vous aviez l'occasion de me croiser aux Trois-Obus. »

Il sourit et évoque sans hésiter des ambiances qui l'ont plus d'une fois agacé : « J'avais du mal à comprendre le jeu de Charles Biétry ou, plutôt, je le comprenais fort bien. Il ne cessait de savonner la planche. Il espérait être dans l'ombre, tirer les ficelles du club. Mais nous, on (cela sous-entend Michel Denisot) n'avait pas confiance en lui. Cela l'arrangeait de répandre la théorie selon laquelle, dans sa qualité de journaliste, il avait l'indépendance d'esprit pour critiquer le PSG. Je regrette mais quand il a été nommé président, cela critiquait un peu moins sur l'antenne de Canal. Michel Denisot (l'un avait ravi la place de l'autre) n'a pas agi ainsi. Moi, j'étais marqué, j'étais un fidèle, j'ai senti la jalousie de Biétry dès l'instant où il y a eu des résultats. C'est la vérité, je n'invente rien. Mais il y a une morale : le sourire dont il parlait pour dire qu'il en manquait un au PSG, ce n'est vraiment pas lui qui l'a apporté en tant que président ! »

## Lutte de contre-pouvoirs

Dans son registre de directeur sportif, il traversera le meilleur, jamais le pire. Artur Jorge donnait sa liste avec le profil du joueur souhaité, Moutier s'emparait de son bâton de pèlerin et s'en allait battre la campagne. C'était une course contre le temps, un défi à l'horaire des jours. « On fonctionnait super bien, confirme-t-il, on s'est peut-être trompé sur Geraldao, je le reconnais. Mais le reste… Ricardo, Valdo, Germain, Fournier, Ginola, Lama, Weah, Leonardo, Raï, cela avait de l'allure, non ? » Il y avait une grande continuité dans les transferts. Artur Jorge disait : « Je veux des bons joueurs. Si vous les trouvez, je saurai les utiliser. » Encore fallait-il bien les utiliser. Et ce PSG-là savait.

Du 18 mars 1998 jusqu'au 11 mai, une lutte de contre-pouvoirs lézarde les murs de Canal et ceux du PSG. Une révolution s'est préparée dans la douleur entre murmures et déstabilisations.

Nommé officiellement en mars, Charles Biétry reste à son poste de chef des sports jusqu'au terme de la Coupe du monde. Impétueux, emporté par le tourbillon, Charly travaille dans la coulisse, construit ses rêves de président à la hussarde, il tente peu à peu de déstructurer une équipe en place. Moutier ne dit pas le contraire : « Michel en avait marre, cela pesait trop une présidence aussi longue. Mais il voulait aller au bout de l'histoire. Il n'y a pas eu deux présidences dans les faits. Biétry a essayé d'influencer les joueurs, il n'y en a pas beaucoup qui ont adhéré. Il suffit de constater qu'ils sont peu à peu partis sous sa présidence (Le Guen, Roche, Guérin, Fournier...). Lorsqu'il arrive, je sais que je dégage. C'est normal. Après la grande lessive de la fin de saison 1998, c'est devenu peu à peu le grand bazar. Biétry a voulu couper toutes les racines qui avaient construit quelque chose de très solide. Il avait des certitudes et donnait des leçons à tout le monde. Je ne vais pas mentir : on ne souhaitait pas qu'il ait des résultats, mais on ne désirait pas que le club dégringole. Le foot au PSG, cela peut rendre fou. »

Fou, Biétry ne l'était pas. L'ancien chef des sports de l'AFP arrive à Canal en 1984 dans le cadre d'un congé sabbatique. Rien ne le programmait à une carrière à la télévision, mais les hasards des rencontres et de l'amitié qu'il noue avec Michel Denisot lui offrent l'opportunité de changer d'horizon. Donc il fait le grand saut et négocie davantage un nombre d'actions conséquent que son propre salaire. Ce qui, selon certains, lui a permis de s'enrichir à grande échelle.

« Je l'ai connu reporter puis chef des sports, se rappelle Alain Gex, ancien de l'Agence France Presse. Il avait acquis une bonne réputation avec le prix Martini (prix élisant le meilleur article sportif de l'année) pour un papier sur Cruyff et le scoop de l'attentat de Munich (en 1972 aux Jeux Olympiques, des sportifs israéliens sont tués par un commando qui les a pris en otage) où, du reste, il n'était pas seul à détenir l'exclusivité.

« Ils étaient trois journalistes, dont Jean-Michel Forest de l'ACP[1], concurrent à l'époque de l'AFP. Mais les circonstances ont permis à Biétry d'être le seul à sortir l'information. L'ACP, par exemple, n'avait pas les moyens de transmettre. On lui a reproché à l'AFP de se mettre d'abord en valeur en oubliant un peu qu'il travaillait pour l'agence. Charles avait déjà une haute opinion de lui-même. Il avait toujours le souvenir d'un exploit qu'il avait réalisé dans un sport. C'était le meilleur partout, enfin il le disait. C'est un type qui avait déjà un ego surdimensionné. Le reporter avait des qualités, il écrivait bien et a créé un style fluide et imaginatif qui en a inspiré beaucoup à l'agence. Il a été – c'est exact – chef des sports avant de partir pour Canal. Mais personne ne l'a regretté. J'en connais peu qui ont une haute estime de lui. Il était moqueur, calculateur ; bosseur surtout lors des grands événements… Quand la lumière brille… Je ne suis pas étonné qu'il ait implosé quand il a voulu être le président du PSG. »

Jean-Michel Moutier ajoute aussi : « Durant sa présidence, il voulait tout faire. S'il avait pu, il aurait intégré l'équipe du PSG et il aurait joué ! » Les hommes ne changent pas, ils vieillissent, c'est tout.

Inévitablement, il sera question de Luis Fernandez. Moutier s'y attendait. Il l'égratigne, certes, mais moins que Biétry. C'est à supposer que, dans la confrérie des anciens joueurs, les fâcheries sont moins vives : « Ce n'est pas la peine de laisser croire qu'il avait été le seul à percevoir le talent de Trezeguet, par exemple. On a réalisé des choix financiers. Et quand il parle de Roberto Carlos, il faut rappeler que c'était une période où nous n'étions autorisés qu'à deux joueurs extra-communautaires. Il y avait Valdo

1. Agence centrale de presse.

et Ricardo, on a même dû naturaliser Weah. Luis pensait que la terre entière lui en voulait, s'il n'a pas Michel Denisot comme président, jamais il n'est champion d'Europe. Mais c'est un passionné. Un bon entraîneur… sur des missions courtes. »

C'est bien l'histoire d'un club qui a déchiré des hommes à force de les faire rêver. À l'arrivée de Charles Biétry, c'est donc le nettoyage.

Moutier ? Il file à Rennes où il devient directeur sportif sous la présidence de Pierre Blayau, patron de Moulinex. Les deux se connaissent bien depuis des liens entretenus à l'époque où l'énarque normalien dirigeait Pont-à-Mousson, à Nancy, à la fin des années 1980. Le monde est petit : Rennes recycle les ex du PSG.

C'est en effet dans ce club que Paul Le Guen, dont Biétry ne voulait plus, épouse la carrière d'entraîneur en 1998 jusqu'à 2001 avant son départ pour Lyon. Le monde est si petit qu'à son arrivée au PSG (mai 2005), Blayau se rapproche inévitablement de Jean-Michel Moutier : « J'étais déjà revenu, ajoute-t-il, j'avais un rôle de consultant dans le recrutement à l'époque de Francis Graille et d'Halilhodzic comme entraîneur, je n'étais pas salarié du club. » Coach Vahid ne voulait pas travailler avec Moutier, Graille avait insisté. Beaucoup insisté…

Le monde est tellement petit que la nomination de Pierre Blayau, déjà présent au conseil d'administration de Canal +, est fortement suggérée par Michel Denisot jamais en mal de conseils pour le PSG. Très rapidement, Moutier se charge du recrutement comme au bon vieux temps, il redevient directeur sportif. Sauf que le temps est plus compté.

L'actionnaire ne veut plus du PSG, il veut le vendre définitivement après avoir découvert que Francis Graille n'avait pas complètement redressé les comptes. Moutier en garde une frustration : « Sur le papier, le recrutement était réussi avec les arrivées de Kalou, Rozehnal et Dhorasoo.

On n'a passé qu'une année avec le président Blayau, l'équipe a plongé quand les rumeurs de vente se sont précisées. Laurent Fournier est aussi débarqué à cause de cette histoire de repreneurs. »

C'est la période de tous les paradoxes. Laurent Fournier, successeur de l'intraitable Vahid, sauve la saison 2004-2005 comme il peut. Arrivé sous Graille, il est reconduit sans enthousiasme par le successeur. Malgré tout, l'ex-milieu de terrain du PSG a apaisé un vestiaire dévasté par les querelles et l'effet Halilhodzic. Les joueurs reprennent plaisir à leur métier et Fournier, sans brusquer les choses, ni user du fouet, ne se tient pas très loin de la deuxième place du championnat (à 1 point) quand il est, à son tour, éjecté du banc.

Pierre Blayau, président bénévole, patron à plein temps de Geodis, sait redresser les bilans épouvantables. C'est un réflexe professionnel. N'a-t-il pas été non plus trésorier général de la Ligue professionnelle de football ? L'homme a du mal à accepter Laurent Fournier, pas assez tranchant, pas vraiment tendance, trop mou, pas charismatique du tout.

Il déplore que Kalou et Dhorasoo n'agissent qu'à leur tête. Il déplore surtout de ne pas avoir choisi son entraîneur, un patron n'aime pas ne pas décider. On lui prêtera des contacts avec Deschamps et même un désir (pas réciproque) de retravailler avec Paul Le Guen.

Dans son autobiographie, Jérôme Rothen concède que l'entraînement sous les ordres de Fournier adoptait souvent l'allure d'un travail aménagé selon l'humeur du jour : « (...) Certains joueurs trouvent en effet que les séances d'entraînement dirigées par Laurent sont trop ludiques et manquent d'épaisseur (...). Parfois, il faut l'avouer, c'est limite (...). »

Rothen regrette évidemment un limogeage sans cause réelle et sérieuse : « (...) Blayau s'est dit qu'il allait engager un entraîneur (Guy Lacombe en l'occurrence) qui nous boosterait, en espérant que ça ferait la différence à la fin de saison. Seulement, son argument pour justifier son choix nous fait rire. Il croit encore à la première place ? Il rêve (…). »

## Les dépeceurs de salariés

La saison se conclut tout de même par un trophée en Coupe de France (la septième victoire dans l'épreuve) face à son meilleur ennemi, l'OM, une breloque de plus à ranger dans la vitrine. Mais rien n'a été épargné à ce PSG dérisoire et paradoxal. Il vire un coach coupable de ne pas provoquer de crises à l'entraînement. Il ne se réjouit pas d'une victoire, au Parc face à Rennes (2-0, le samedi 10 décembre) un soir où le président Blayau, justement, devait sortir le champagne pour fêter son anniversaire, mais se ravise à l'énoncé du résultat. C'est à croire que certaines victoires ne sont pas les bienvenues…

En licenciant Laurent Fournier, l'autoritaire Blayau se croit plus fort que ses joueurs. Ce serait presque du personnel comme les autres, ces joueurs-là. Il se trompe. Il nomme Guy Lacombe pour serrer la vis, il ne s'imagine pas que la vis finira par éclater à force de trop serrer l'étreinte d'un personnel sensible, susceptible et cabochard.

Parti aussi vite qu'il est venu, Blayau n'aura été que l'ultime président de l'ère Canal +, c'est le seul titre qu'il peut revendiquer d'une présidence presque aussi furtive (de mai 2005 à juin 2006) que celle de Charles Biétry. Ce qui, évidemment, n'est pas très flatteur.

L'homme d'affaires finit donc sur une Coupe de France, certes, mais n'aura jamais retourné un public peu convaincu par sa nomination. Les populaires du Parc n'affichent que peu de sympathie pour les entrepreneurs dépeceurs de salariés. Car il est difficile de s'identifier à son bourreau… Blayau tire sa réputation de ses coups de hache dans les effectifs de Moulinex, une vraie saignée avec chute d'entreprise, faillite à la clé et parachute doré à la sortie (il sera mis en examen pour « banqueroute par emploi de moyens ruineux et détournements d'actifs »).

À Paris, il n'aura pas laissé qu'un entraîneur sur le carreau, il est à l'origine – involontairement – sans doute de la cassure prévisible entre Guy Lacombe et une frange de joueurs trop éprouvés par la sempiternelle valse des entraîneurs, surtout quand ils se ressemblent aussi peu.

Pierre Blayau n'était pas venu pour s'enrichir, ni pour réinstaller le Paris SG aux lumières du foot. Non, soucieux de rester PDG de Geodis, une filiale de la SNCF, il se satisfaisait de son bénévolat (Francis Graille, son prédécesseur, percevait un salaire mensuel supérieur à 25 000 euros) dont il se vantait auprès des joueurs, comme s'il voulait leur démontrer qu'ils avaient plus de devoirs que de droits.

Avec Blayau, on ne plaisantait pas tous les jours lorsqu'il daignait céder de son précieux temps pour passer négligemment au Camp des Loges. Il est vrai que Canal + n'avait plus le cœur à plaisanter sous la coupe d'une maison mère (Vivendi) obsédée par les fluctuations de l'action. Et comme il n'y avait que des pertes...

Depuis la fin des années Denisot, le PSG avait coûté près de 230 millions d'euros. Ce n'était plus du sport mais du pognon d'actionnaires. Graille avait réduit l'ardoise. Pas assez pour rendre la mariée moins cabossée à la revente. Alors exit Graille et ses projets de reprise, Blayau serait l'homme idoine. Il ne l'a pas été...

À l'arrivée de Colony Capital, Butler Capital Partners et de la banque Morgan Stanley, le Paris de Moutier change. C'est une autre histoire qui s'écrit sans lui. Il est hors jeu : « À partir du moment où Alain Cayzac a été nommé président, je pouvais passer mon tour. Je trouve qu'il se donne le beau rôle dans son bouquin, c'était un dirigeant historique, certes, mais si Canal + ne lui a jamais confié la présidence c'est qu'il devait y avoir une raison.

« Qu'a-t-il fait durant deux ans ? »

Le déjeuner touche à sa fin. Jean-Michel Moutier jette quelques regards, instinctivement, inconsciemment vers le Parc des Princes, il y entend résonner les sons mélodieux d'une époque bénie.

Voilà qu'il évoque la fin de saison 2007-2008, celle où le PSG se donne à Michel Moulin, le temps d'une poignée de matches, celle aussi où Colony Capital n'a jamais voulu le recevoir malgré son projet de reprise.

« J'étais mandaté par la banque HSBC depuis avril 2008. C'était très sérieux. Cette banque était prête à acquérir une partie du capital du PSG et investir des dizaines de millions, chaque année pendant au moins quatre ans.

« Le but, c'était vraiment de construire à nouveau une grande équipe à Paris. J'ai demandé un rendez-vous à M. Bazin. Avant d'avoir une réponse, j'ai dû attendre trois semaines avant d'être finalement reçu par son avocat (Guillaume Kuperfils). Après, je n'ai jamais eu de nouvelles. Tout est resté confidentiel. Mais quel gâchis ! Il y avait tout : le manager et des millions d'euros à la clé sur plusieurs saisons. Je peux même vous dire que Mourinho avait donné son accord pour en être l'entraîneur. Il faut que les supporters le comprennent. M. Bazin veut bien des partenaires à condition qu'ils restent des actionnaires dormants. Qui va mettre de l'argent sans avoir un droit de regard et de décision ? »

David Ginola avait, lui aussi, un projet de reprise avec un financement plus hypothétique. Mais il a eu moins de chance : il n'a été entendu que par la secrétaire de Sébastien Bazin. Depuis, il attend toujours… Qu'il raccroche, il n'aura personne au bout du fil.

# Remerciements

• Je tiens à remercier tous ceux qui, de près ou de loin, à découvert ou anonymes, ont facilité et enrichi mon travail.

• Une mention spéciale pour Fabrice A. et Jean-Marc G., pour leurs sources inépuisables et réconfortantes. Ils se reconnaîtront…

A.A.

Si vous souhaitez recevoir notre catalogue
et être tenu au courant de nos publications,
envoyez-nous vos nom et adresse, en citant ce livre
et en précisant les domaines qui vous intéressent.

**Éditions Solar**
**12, avenue d'Italie**
**75013 PARIS**
Internet : www.solar.fr

Composition et mise en page

NORD COMPO
multimédia

Directeur de collection : Renaud de Laborderie
Direction littéraire : Corinne Cesano
Assistantes d'édition : Claire Riffault avec Maëlle Rey
Couverture : Graph'M
Fabrication : Sandrine Levain
Composition : Nord Compo

ISBN : 978-2-263-04886-9
Code éditeur : S04886
Imprimé en France par CPI Bussière
N° d'impression : 091155/1
Dépôt légal : avril 2009